Joan Hackaert: Der Via-Mala-Weg mit der oberen Halbgalerie gegen Süden. Juli - August 1655. Schwarze Kreide, Feder in Braun, grau laviert, 736 × 825 mm; zusammengesetzt aus 8 verschieden vergilbten Teilen. Beschriftung «Via Mala in / Rhetia / Joan Hackaert fecit» von der Hand Hackaerts. Wasserzeichen: Schellenkappe; älteste Darstellung der Gegend, dritte Fassung. Wien, Österr. Nationalbibliothek.

Diese Zeichnung ist eines der Hauptwerke der Schweizer Ansichten Hackaerts. Das monumentale Format wird dem weiten Bildwinkel gerecht, und dieser wiederum hebt den Eindruck der gewaltigen Felsmassen nicht auf. In der Bildmitte, halb von einer Tanne verdeckt, sieht man die obere Halbgalerie in der Richtung talaufwärts, mit der oberen Talenge und einem Stück der Felswand von Bader (links). Die fünf Packpferde scheinen den Saumpfadcharakter des Weges zu bestätigen, besagen aber nur, dass der Warentransport durch die Via Mala zu Hackaerts Zeiten vor allem durch Säumer erfolgte. Jenseits der Halbgalerie kommt das fünfte Stück der *scala* zum Vorschein. Man kann sich anhand dieser Zeichnung davon überzeugen, dass der Weg in der Halbgalerie nicht schmaler wurde. Das durch ihre Öffnung sichtbare Stück Steg ist wiederum mit Querlatten versehen oder aus querliegenden Brettern zusammengesetzt, etwa wie der Felssteg in der hier wiedergegebenen Ideallandschaft. Die hängenden Stege des Via-Mala-Wegs waren kein Sonderfall. L. Högl (1980) visiert frühe Wegbauten und Wasserfuhren in einem breiteren Zusammenhang an. In der Via Mala selbst hat Simonett um 1920 eine hängende Wegstrecke in der Nordwand von Aclasut festgestellt.

Barbla Mani
Mürra Zabel
Ger Peregrin
Hans Müller
Ernst Baumann

Mit einer Einleitung
von Silvio Margadant

SAUMPFAD-WANDERUNGEN IN DER SCHWEIZ

SV international
SCHWEIZER VERLAGSHAUS ZÜRICH

© 1982 by SV international,
Schweizer Verlagshaus AG, Zürich
Printed in Austria
3-7263-6330-0

Inhalt

Einleitung 9

Zentral- und Südschweiz

Gotthardpass 15

In der Leventina 20

San-Jorio-Pass 23

Surenenpass 26

Jochpass 30

Hilferenpass 32

Brünigpass 34

Faulhorn 36

Über die Gemmi 39

Panixerpass 42

Graubünden

Lukmanierpass 47

Oberalppass 49

San-Bernardino-Pass 52

Über den Valserberg 55

Über den Safierberg 58

Glaspass 61

Alter Schyn 63

Albulapass 66

Septimerpass 70

Berninapass 74

Scalettapass 78

Wallis

Rawilpass 83

Grimselpass 85

Griespass 88

Nufenenpass 91

Albrunpass 93

Simplonpass 95

Grosser St.-Bernhard-Pass 98

Über den Monte Moro 101

Autorenverzeichnis 103

Verzeichnis der Bildquellen .. 103

Literaturverzeichnis 103

Auf dem Furka-Gebirge in der Schweitz

Einleitung

Transportorganisation und Säumeralltag in den Alpen

Dieses Buch trägt den Titel «Saumpfadwanderungen» und soll dazu anregen, die unzähligen lohnenden Passübergänge unserer Alpen auf Schusters Rappen zu erleben.
Wer aber waren die Säumer, deren einstige Wege mit diesem Titel angesprochen sind? Es sind jene Fuhrleute, die während Jahrhunderten den Warenverkehr über unsere Pässe zwischen den grossen Handelszentren im Süden und Norden besorgten. Im folgenden wollen wir uns am Beispiel des Bündnerlandes ein Bild davon machen, wie sich dieser Transitverkehr früher abwickelte.
Anhand von Bodenfunden liess sich feststellen, dass die Alpenpässe schon zur Bronze- und zur Römerzeit begangen wurden. An manchen Stellen sind die für die römischen Zweiradwagen typischen Radrinnen noch heute erkennbar. Im Mittelalter dienten die Pässe in erster Linie dem Personenverkehr. Erst seit dem 13. Jahrhundert wurden sie mehr und mehr zu Handelswegen, auf denen man Güter wie Textil- und Metallprodukte, Waren aus dem Orient und Lebensmittel transportierte.
Damals waren die einzelnen Territorialherren für den Unterhalt der Verkehrswege und den Schutz der Kaufleute verantwortlich. Als Gegenleistung für diese Pflicht waren sie befugt, Weggelder oder Zölle einzuziehen. In Graubünden waren dies bis gegen Ende des Mittelalters die Bischöfe von Chur, an die das Zollregal, das heisst das vom König oder Kaiser verliehene Recht der Zollerhebung, vom Reich übergegangen war. Im 14. Jahrhundert begannen auch weltliche Grundherren, wie zum Beispiel die Grafen von Werdenberg-Sargans, sich mit Verkehrspolitik zu beschäftigen. Auch die drei rätischen Bünde, der Gotteshausbund, der Obere Bund und der Zehngerichtebund, erliessen von Zeit zu Zeit Bestimmungen über die Sicherheit der Transitwege. Man sieht aus den ausführlichen Zolltarifen, dass sich der Staat, beziehungsweise die jeweiligen Inhaber der Staatsgewalt, schon früh um den Transitverkehr bemühten, der sowohl für den Zolleinzieher wie für die Bevölkerung längs der Durchgangsstrassen von grosser wirtschaftlicher Bedeutung war.
Bevor um die Mitte des 19. Jahrhunderts das Zollmonopol zur alleinigen Sache des Bundes wurde, musste das Transitgut ungezählte Zollstationen passieren, was die Frachtkosten ganz erheblich erhöhte. Auf der Splügenroute beispielsweise musste viermal Zoll oder Weggeld entrichtet werden: an der Tardisbrücke oder der Oberen Zollbrugg bei Landquart, in Chur, in Reichenau sowie in Chiavenna.
Wie funktionierte nun aber der Transport? Wie war der Verkehr organisiert? Die Spedition von Kaufmannswaren über die Alpenpässe wurde durch einheimische *Säumer* besorgt. Zur Wahrung ihrer eigenen Interessen und derjenigen ihrer Gemeinden gegenüber den Spediteuren in den Handelsmetropolen des Südens – Chiavenna, Mailand, Como, Bellinzona, Genua – und des Nordens – Nürnberg, Augsburg, Lindau, Chur – schlossen sich die im Fuhrgewerbe tätigen Talbewohner schon im 14. Jahrhundert auf genossenschaftlicher Ebene zu sogenannten *Porten* zusammen. Diese könnte man als «Fuhrmannszünfte» bezeichnen. Solche Porten entstanden im gesamten Alpengebiet, so in Bayern, im Tirol, in Graubünden und in Uri. Sie umfassten einige benachbarte Gemeinden oder auch ganze Talschaften und hatten die Monopolisierung des Warenverkehrs innerhalb ihres Gebietes zum Zweck. In einem alten Portenbuch finden wir eingangs die feierliche Absichtserklärung, man wolle «die Freiheiten und Gerechtigkeiten, so uns von unseren Altvordern überliefert worden, indem sie uns eine freie, offene Landstrasse wie auch eine ordentliche Erhaltung und Ordination derselben hinterlassen haben, unwidersprechlich erhalten...»
Aufgabe der Porten war es, neben dem Bau und Unterhalt der Strassen sicheren Transport der ihnen anvertrauten Waren zu garantieren und für die gerechte Zuteilung des Transitgutes an alle Portengenossen zu sorgen. Um dies zu erreichen, wurde eine Kehrordnung festgesetzt, in der die einzelnen Säu-

mer gleichmässig berücksichtigt, aber zugleich auch zur Übernahme der zu befördernden Güter verpflichtet wurden. Dieser Arbeitsplan hiess «Rod», weshalb die Säumer, die einer Porte angehörten, im Gegensatz zu den später erwähnten Stracksäumern als *Rodfuhrleute* bezeichnet wurden. Diese widmeten sich nicht ausschliesslich dem Transportdienst, sondern trieben hauptberuflich Landwirtschaft. Damit in den Porten stets genügend Saumtiere und Futter zur Verfügung standen, wurde es den Fuhrleuten zur Pflicht gemacht, nur mit eigenen, nicht also mit gemieteten Gespannen anzutreten.

Zur Gewährleistung eines reibungslosen Gütertransits hatten sich die Porten schon früh eigene Satzungen gegeben, die in den sogenannten Portenbüchern festgehalten und deren Übertretung von eigens hierzu bestimmten Portengerichten geahndet wurde. Dazu berichtet im Jahre 1705 ein Reisender aus Zürich: «Von disen Saumpferden und deren Treiberen ist zu bemerken, dass in unseren Gebirgichten Landen ihrenthalben gewisse, auf die Billichkeit der Natur-Rechte gegründete Satzungen aufgerichtet worden, nach welchen die lähren Saumpferde ausweichen müssen den geladnen, und allen die zu Pferd daher kommende Reisende, von was Stand sie immer seyen. Dergleichen Satzungen, nach welchen die vorkommenden Streitigkeiten geschlichtet werden, sein nöthig theils wegen der Enge der Pässe, da oft kaum einer dem anderen ausweichen kan, sondern einen zimlichen Weg zuruk zu kehren genöthiget wird, theils wegen der Gefahren, in denen auch der vornehmste Passagier auf die jenige Seiten hinausstretten muss, da er alle Augenblick nicht sicher ist vor dem Sturtz über die Felsen herab, wann auch der ärmste Säumer ihme begegnet.»

Um Kollisionen und Stockungen in Engpässen zu vermeiden, sollen die Säumer überdies auch eine Art Fahrplan eingehalten haben.

Ein wesentliches Merkmal des Portensystems war das häufige Umladen des Transitgutes. Ein Rodfuhrmann durfte seiner Arbeit nur innerhalb des Gebietes seiner eigenen Port nachgehen, das heisst, die Ware nur auf einer begrenzten Strecke transportieren. Die Ballen oder Fässer mussten also immer wieder auf- und abgeladen und den Säumern der nächsten Port übergeben werden. Man kann sich unschwer ausmalen, dass die Colli, wie die Warenballen genannt wurden, nicht selten an den Umladestationen, den Susten, liegen blieben, was im besten Fall zu Verzögerungen, nicht selten wohl auch zu eigentlichen Qualitätseinbussen oder gar zu Verlusten führte. Dem Vorteil der Portenorganisation bezüglich Arbeits- und Verdienstsicherung für die einheimische Bevölkerung stand also der Nachteil der langen Dauer und der Verteuerung des Transports gegenüber. Das schwerfällige Beförderungssystem mit dem sich daraus ergebenden Zeit- und Kostenaufwand führte öfters zu Klagen seitens der Speditionsunternehmen und rief bald nach rationelleren Transportmethoden.

So entstand der Berufsstand der *Stracksäumer* (stracks = sofort, ohne Umweg), welche die Kaufmannswaren direkt zwischen den grösseren Umschlagplätzen im Norden und Süden verfrachteten. Sie besassen meist mehrere Pferde und arbeiteten zum Teil hauptberuflich im Fuhrgewerbe. Sie sind es, die das landläufige, romantisierende Bild des zähen Säumers geprägt haben, der zu jeder Jahreszeit, bei jeder Witterung mit seinem «Stab», bestehend aus bis zu acht berggewohnten, mit Weinfässchen und Warenballen schwer bepackten Saumrossen, über die rauhen Pässe zog.

Die Genügsamkeit und Eignung der Saumtiere wird in der Reiseliteratur früherer Jahrhunderte immer wieder lobend erwähnt. 1784 schreibt der Welschschweizer Philippe Bridel: «Zum Lobe der Landpferde muss man sagen, dass sie, so gering ihr äusseres Aussehn ist, zu solchen Bergreisen unvergleichlich sind. Fest und sicher gehen sie an den schrecklichsten Abgründen hin; nur muss man sich in Acht nehmen, ihnen den Zaum nicht anzuziehn, weil sie die Nase immer in den Schnee stecken. Ihr Geruch ist so fein, dass sie alle Orte unterscheiden wo Pferde vor ihnen her gegangen sind, obgleich ihr Fusstritt schon wieder mit einem fusshohen Schnee bedeckt ist. So wittern sie auch durch den Geruch jede Ritze und die Plätze, wo das Eis nicht sicher ist; an jedem gefährlichen Orte stehen sie plötzlich still, und Wehe dem Reisenden, der sie zwingen wollte, weiter fortzuschreiten! Das Beste ist, sich gänzlich ihrem Instinkt anzuvertrauen.» Ein Zeitgenosse Bridels zollt den Saumpferden ebenfalls Bewunderung: «Diese Lastthiere haben ihre ordentliche Stationen, und be-

«Saumpfade in der Bergschlucht» von Gustave Roux, nach G. E. Rittmeyer, 1876

vor, ehe sie solche nicht erreichen, bekommen sie weder zu essen noch zu trinken; und es mag die Nacht noch so finster seyn, so finden sie doch den richtigen Weg; sehr selten geschieht es, und das zwar nur zu Schneezeiten, dass sie solchen verfehlen, allein trift es, dass sie wo auf einen Absturz kommen, wo sie nicht umkehren können, so sind sie auch verloren, es mögen ihrer so viel seyn als immer wollen.»

Der Säumer selbst musste mit wetterfester Kleidung ausgerüstet sein, konnte es doch nicht selten geschehen, dass er mitten im Sommer auf einem einsamen Pass in Schneestürme geriet. Am Gürtel trug er einen Hammer, mit dem er nötigenfalls die «Weinlägeln bottgen», das heisst die Reifen der Weinfässchen festklopfen, oder auch seine Pferde beschlagen konnte. Nicht zuletzt diente ihm der Hammer auf seinen Reisen auch als Waffe gegen tätliche Angriffe von Mensch und Tier.

Den Fuhrleuten wird immer wieder nachgesagt, sie hielten sich gern und häufig in Wirtshäusern auf und sprächen dem Veltliner Wein und dem Schnaps oft über das zuträgliche Mass zu. Dass vor allem die Stracksäumer in den Tavernen zwischen Chur und Chiavenna oder zwischen Altdorf und Bellinzona anzutreffen waren, liegt an ihrer Arbeitseinteilung. Sie waren meist während mehrerer Tage unterwegs und mussten an den Etappenorten nicht selten lange auf neue Fracht warten. Was lag da näher, als die Wartezeit und die Nächte in Herbergen gesellig unter seinesgleichen zu verbringen? Dass man dabei nicht «auf dem Trockenen» sass, dürfte einleuchten, und so war der Alkoholkonsum bei den Angehörigen dieser Berufsgattung recht hoch.

Transit- und Reiseverkehr konnten sich nur reibungslos abspielen, wenn die Pass-Strassen offengehalten wurden. Nach jedem Schneefall mussten sie «gepfadet» werden, eine äusserst mühsame Arbeit, die von den *Ruttnern,* Männern aus den umliegenden Dörfern, in einer Kehrordnung geleistet werden musste. Ein Zeitgenosse schildert diesen Dienst anschaulich: «Dreissig bis vierzig Personen (oder soge-

nannte Ruttner) kommen dann aus jenen Dörfern da, wo der Weg durch den Schnee gegraben werden muss, zusammen, treiben Ochsen als die stärksten und sichersten Leiter vor sich hin, schaufeln, hacken und graben hinter ihnen den Schnee weg und suchen dadurch für die Reisenden eine erträgliche Strasse zu machen.» Den Ruttnern kamen auch Rettungsaufgaben zu, wie ein anderer Zeuge im Jahr 1770 zu berichten weiss: «Liegen Reisende halb todt und erfroren unterwegs, so laden sie solche auf Schlitten und führen sie in die Herberg; werden sie von Schneelauenen zugedeckt, so grabt man sie heraus.» Zur Kennzeichnung der Saumpfade wurden im Winter in regelmässigen Abständen Signalstangen, «stazas», in den Boden gerammt, die die Säumer und Reisenden bei Nebel und Schneestürmen vor dem Verirren bewahren sollten. Es konnte allerdings trotzdem vorkommen, dass Leute vom Weg abkamen und erfroren oder in die Tiefe stürzten.
In der ersten Hälfte des letzten Jahrhunderts vollzog sich im alpinen Transitwesen ein grosser Wandel. Mit bedeutendem finanziellen Aufwand wurden über die wichtigsten Alpenpässe breite, weniger steile Kunststrassen gelegt, die auch mit grösseren Wagen befahren werden konnten und den rascheren Transport grösserer Ladungen erlaubten. Dadurch wurde das Monopol der Porten durchbrochen und der Gütertransport für die Spediteure interessanter gestaltet. Dieser einerseits unleugbare Fortschritt hatte andererseits, vor allem auf sozialem Gebiet, schwerwiegende Nachteile: Ein grosser Teil der Einwohner der alten Portengemeinden wurde seines Haupterwerbs beraubt, und zahlreichen Familien blieb keine andere Wahl als die Auswanderung und die unsichere Hoffnung, in der Fremde eine neue Existenz aufbauen zu können.
Am Schluss dieses kurzen Überblicks darf wohl behauptet werden, dass die «alte romantische Säumerzeit» in der rauhen Wirklichkeit weit prosaischer und härter war, als sie gerne dargestellt wird. Wenn man heutzutage im Auto oder mit der Bahn bequem die höchsten Bergpässe überquert oder an sonnigen Ferientagen alten Saumpfaden entlang wandert, sollte man sich im Geiste ab und zu in frühere Jahrhunderte zurückversetzen, als eine solche Reise, insbesondere im Winter, ein gefahrvolles, mit harten Strapazen verbundenes Wagnis bedeutete.

Silvio Margadant

ZENTRAL- UND SÜDSCHWEIZ

Gotthardpass

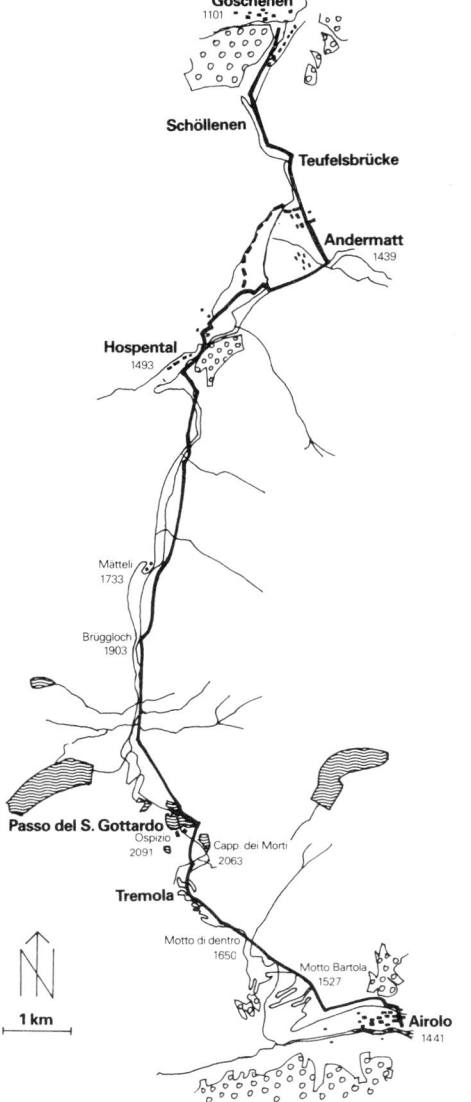

Route:	Göschenen–Schöllenen–Andermatt–Hospental–Gotthard Passhöhe–Motto di dentro–Airolo
Wanderzeit:	Göschenen–Hospental ca. 2 Stunden Hospental–Hospiz ca. 3 Stunden Hospiz–Airolo ca. 2½ Stunden
Karten:	Landeskarte der Schweiz 1:25 000 Blatt 1231, Urseren Blatt 1251, Val Bedretto
Unterkunfts- und Verpflegungs- möglichkeiten unterwegs:	Göschenen Teufelsbrücke, Andermatt Hospental, Mätteli Gotthard-Passhöhe, Motto Bartola Airolo
Anfahrt:	Bahn oder Privatwagen bis Göschenen, evtl. Bahn bis Andermatt oder Hospental
Rückfahrt:	Bahn ab Airolo zurück zum Ausgangspunkt

Der sozusagen klassische Saumweg der Schweiz ist der Gotthard. Die Eidgenossenschaft ist um ihn, ja man kann sogar sagen wegen ihm entstanden. Der alte Saumpfad wurde bis ins 19. Jahrhundert benützt. Seither ist er durch die Strasse, die Bahn und die Autobahn abgelöst worden. Aber er ist noch auf weite Strecken vorhanden und bietet eine erlebnis- und genussreiche Wanderung, weitgehend frei vom Autoverkehr. Wer auf ihm geht, wandert auf geschichtlichem Boden.

Der Gotthard ist der zentrale, aber nicht etwa der älteste, sondern im Gegenteil der jüngste der wichtigen Alpenübergänge. Im Altertum und bis weit ins Mittelmeer war die Längsverbindung über Furka und Oberalp weit mehr begangen. Zur römischen Provinz Rätien gehörten die Gebiete von Graubünden, Urseren und Wallis. Die Bewohner des Urserentales waren ursprünglich keine Urner, sondern Walser aus dem Oberwallis. Das Tal unterstand dem Kloster Disentis im Bündner Oberland.

Für eine Begehung bieten sich jedoch einzigartige Voraussetzungen: Die Reuss hat in der Schöllenenschlucht die nördliche Alpenkette durchschnitten, und die Gletscher der Eiszeit haben die südliche Kette auf dem Gotthard bis auf eine Höhe von rund 2000 Metern abgeschliffen. Einen direkten Nord-Süd-Übergang aus dem Gebiet des Rheins in die Lombardei gibt es nicht. Aber die unwegsame Schöllenenschlucht verhinderte lange die Benützung dieses von der Natur vorgezeichneten Weges.

Der entscheidende Moment war da, als es gelang, die «Twärrenbrücke» beim heutigen Urnerloch und die erste Teufelsbrücke an der engsten Stelle zu bauen und damit die Schlucht gangbar zu machen. Das muss um das Jahr 1220 gewesen sein.

Jeder hat wohl schon einmal die Sage von der Teufelsbrücke gehört: Als die Urner an der Stelle standen, wo die Brücke entstehen sollte, meinte einer: Da soll der Teufel eine Brücke bauen! Prompt stand der Teufel da und versprach, in drei Tagen eine Brücke zu bauen, wenn der erste, der sie überschreite, ihm gehöre. Die Brücke war tatsächlich in

der vereinbarten Zeit fertig, der Teufel wollte nicht weichen und wartete auf sein Opfer. Da kam einer auf die Idee, einen wilden Geissbock hinüberzuschicken. «Das ist der erste, den magst du behalten», riefen die Urner. Der wütende Teufel ging hinunter in den Wassener Wald und holte einen haushohen Stein, um die Brücke wieder zu zertrümmern. In Göschenen rief ihm ein altes Mütterchen zu, er möge doch ein wenig ausruhen. Als er den Stein absetzte, kritzelte es unbemerkt ein Kreuz darauf. Vor dem Kreuz ergriff der Teufel die Flucht und liess sich nicht mehr blicken...
Der 1200 Tonnen schwere Teufelsstein wurde zum Wahrzeichen von Göschenen. Aber als die Autobahn gebaut wurde, war er im Weg. Man verschob ihn – heute braucht man dazu keinen Teufel mehr. Nun steht er mächtig neben dem Tunneleingang, geschmückt mit Schweizer und Urner Fahne. Statt dass Säumer und Söldner die alte Teufelsbrücke überqueren, die längst eingestürzt ist, rast Auto an Auto durch den Tunnel, und an verkehrsreichen Tagen staut sich die Blechlawine kilometerlang. Und doch lassen sich die wenigsten aus ihren fahrbaren Untersätzen locken. Ob der Teufel unsere Seelen nicht doch noch erwischt hat?
Für den Wanderer aber ist der Weg weitgehend frei – autofrei – geworden.
Unsere Gotthardwanderung beginnt beim Bahnhof Göschenen. Wer will, kann ins Dorf hinunter gehen und der alten, zinnenbewehrten Zollbrücke an der Göschenerreuss einen Besuch abstatten. Dann aber geht es auf die Strasse Richtung Andermatt. Soweit sie benützt werden muss, sind Trottoirs vorhanden. Aber schon nach der ersten Kurve zweigen wir ab zur Häderlisbrücke und betreten damit Steine, auf denen jahrhundertelang Saumtierkolonnen, Krieger, Pilger und andere Italienfahrer gegangen sind. Ob die Brücke ihren Namen wirklich deshalb hat, weil die Urner und Ursener, deren Wegpflichten hier zusammentrafen, miteinander stritten und haderten? Weiter oben müssen wir nochmals für ein kurzes Stück die Strasse benützen, doch beim Brüggwald steht die alte Strasse ganz zu unserer Verfügung. Hier drängen sich die kahlen, steilen Granitwände zur Schlucht zusammen, hier kann man noch etwas ahnen von dem Schrecken, der bergungewohnte Reisende an dieser Stelle überfiel. Sobald wir den Felsvorsprung, der von der neuen Strasse durchbohrt wird, umgangen haben, steht sie vor uns: die Teufelsbrücke. Es ist jene aus dem Jahr 1830, als die erste fahrbare Strasse gebaut wurde. Darunter kann man, wenn man genau hinschaut, noch ein paar Überreste der ganz alten erkennen, die 1888 einstürzte. Darüber schwingt sich die neue, und dahinter fährt die Schöllenenbahn dem Fels entlang. Es lohnt sich auch für Autofahrer, hier einen Halt zu machen und in die schäumende Tiefe zu blicken.
Jenseits der Schlucht erinnert das Suworow-Denkmal an die Kämpfe zwischen Russen und Franzosen im Jahr 1799. Der Zug des damals schon 70jährigen russischen Generals – dessen Name uns noch einige Male begegnen wird – über Gotthard, Kinzig, Pragel und Panixer ist von vielen Legenden umwoben. So soll der Alte beim Aufstieg durch die Tremola sein Grab haben schaufeln lassen für den Fall, dass seine Soldaten den Pass nicht gewinnen würden.

Von der Teufelsbrücke folgen wir ein Stück weit der Strasse durch das Urnerloch und nach Andermatt. Der Wechsel aus der beängstigenden Schlucht hinaus in das weite, grüne Urserental muss einst ein beglückendes Erlebnis gewesen sein; jedenfalls berichten alle Reisenden davon. Von dem «lachenden Gelände» ist heute freilich auf den ersten Blick nicht mehr viel zu sehen. Militärbauten, eine Kläranlage und anderes verdecken die Sicht. Auch der Blick zurück ist längst verbaut. Die Twärrenbrücke oder der «stiebende Steg», der um den Kirchbergfelsen herum führte, war schon 1707 überflüssig geworden, als der Tessiner Ingenieur Morettini einen Tunnel durch den Fels sprengte. Der hölzerne Steg hatte alle paar Jahre erneuert werden müssen; ihm war ein guter Teil der Ursener Wälder geopfert worden. Heute ist das Wasser gestaut, und die Schöllenenbahn und

Hospental am Gotthard

eine Lawinengalerie haben der Stelle jede Urtümlichkeit und Wildheit genommen.
Links der Strasse steht noch die alte romanische Kolumbankirche von Andermatt, an der Stelle, wo einst auch das Dorf stand, bis es wegen der häufigen Lawinenniedergänge verlegt werden musste.
Das liebliche Urserental geniessen wir auf dem Weg von Andermatt nach Hospental. Ein Wanderweg führt abseits der Strasse der Reuss entlang und über eine alte Brücke ins Dorf. Schön ist der Anblick des Hügels mit der Kirche und dem alten Langobardenturm. In Hospental erinnert noch vieles an den Saumverkehr: Beim Hotel St. Gotthard, in dem schon Suworow Quartier nahm, überquert die alte neben der neueren Brücke die Gotthardreuss. Inzwischen ist etwas weiter oben bereits die dritte, neueste Brücke für die Umfahrungsstrasse gebaut worden. Zuoberst im Dorf steht an der Abzweigung der Furkastrasse die Karlskapelle mit der Inschrift: «Hier trennt der Weg, o Freund, wo gehst du hin? Willst du zum ew'gen Rom hinunter ziehn, Hinab zum heil'gen Köln, zum deutschen Rhein, Nach Westen weit ins Frankenland hinein?»
Wir bleiben im Lande, wir wandern nur zum Gotthard und nach Airolo hinunter ins Tessin. Von der Karlskapelle folgen wir zunächst der alten Gott-

hardstrasse nach links, dann einem Pfad oberhalb der neuen Strasse bis zum Gamssteg. Aber nun verlassen wir die Strasse endgültig und steigen in den Gamsboden hinab, bleiben aber bis zum Brüggloch – in der Marschrichtung gesehen – auf der rechten Seite des Baches. Hier finden wir den alten Saumweg wieder, an der Pflästerung ist er deutlich erkennbar. Beim Brüggloch betreten wir bereits Tessiner Boden und queren den Bach auf einer neuen Brücke. Der alte Weg ist durch den Strassenbau zum Teil zerstört; der Ersatz ist aber deutlich bezeichnet. Auf der Passhöhe ist der Saumpfad wieder gut erhalten und durch Wanderwegweiser bezeichnet. An grauen Granitbuckeln und kleinen Seen vorbei erreichen wir das Hospiz. Das heutige Gasthaus Monte Prosa stammt aus dem Jahr 1866 und gehört der Stiftung Pro St. Gotthard, die es zur Erinnerung an den Postkutschenverkehr erhalten will.

Dass die Wanderung auf oder über den Gotthard längst nicht immer so angenehm war wie für den heutigen Wanderer, illustriert der Reisebericht von Hans Rudolf Schinz, der den Gotthard 1763 überquert hat:

«Über eine hohe steinerne Brugg (bei Göschenen) kamen wir in die Gegend der Straß, welche in der Schöllinen heist. Rechter Hand erheben sich die steilsten und höchsten durchgängigen Felsenwände, die aber oft überhangen und diesen Teil des Weges sehr gefehrlich machen, indem im Frühjahr die im Winter gespaltenen und verfrornen Felsenstüke sich losreißen und den Vorbeyreisenden traurig ihr Leben endigen, wie dan von Gestinen (Göschenen) bis zur Teufelsbrugg 23 Kreyz zum Andenken der Erschlagenen aufgestellt sind ...

Auf linker Seite hat man die scheuslichsten Aussichten in die tiefen praecipicen (Abgründe) und beständig über Felsen abfallende grausam brausende Reuß; wann je ein Ort förchterlicher ist, so ists gewiß dieser, dann das enge Felsental, das nicht über 200 Schritt breit ist, die förchterliche Reuß, die alle Augenblick einzustürzen drohenden Felsen und die nebenstehenden Todeserinnerungen machen gewiß auch den Rohesten nachdenkend und schüchtern. Wann man endlich diesen sehr mühsamen Weg zurükgelegt, so komt man an den gefährlichsten Ort der ganzen Gothardischen Landstraß: zu der Teufelsbrugg, sie verknüpfet 2 steile sonst weit von einander abstehende Felsen.

Oberhalb dieser Brugg falt die Reuß mit förchterlichem Getöse über Felsen 5 bis 6 Klafter tief herab und wird durch diesen Fall und oftmahlige Brüche des Wassers ein großer Teil derselben in Staub und Nebel verwandelt, desnahen um die Brugg herum eine ganze Wolke von diesem Gestöber sizet und die ganze umligende Gegend beständig davon naß ist. Wann man diese Brugg zurukgelegt, mus man sehr gehstozig die vorige Straß wieder besteigen. Nachdem wir 8 bis 10 Minuten so gestiegen, kamen wir zu einem Felsen, durch welchen die Straß mit großer Mühe gehauen ist; durch diesen ist es ziemlich finster zu wandeln, und das wenig Licht, so man hat, falt in der Mitte des Gangs durch eine durch den Felsen gehauene Öffnung herein, welche nicht völlig 7 Schuhe hoch und 3 breit ist. Unbequemlich ists, daß in diesem hohlen Wege aus den Felsenrizen beständig Wasser träufelt, danahen man meistens in' Wasser gehen mus und von oben her zimlich benezt wird. Aus dem Lichtloch hat man eine Aussicht in den Reußfahl (Fall) hinab, mithin in eine förchterliche Gegend; auf die andere Seite sihet man die angenehme Gegend des Urschelertals (Urseren). Die Länge dieses Felsenwegs habe ich 75 Schritt gefunden, und die Breite ist so, daß im Notfahl 2 geladene Saumroß vor einander vorbey passieren können.»

Wie ist der Gotthard eigentlich zu seinem Namen gekommen? Adula mons nannten ihn die Römer, später hiess er Elvelinus oder Urserenberg, auch mons Tremolus, woran noch die Tremola erinnert. Kurz nach der Eröffnung des Passverkehrs, um 1230, gründete das Kloster Disentis auf der Passhöhe ein Hospiz und weihte es Godehardus, der damals als Heiliger sozusagen Mode war. Godehardus lebte von 960 bis 1038, war Bischof von Hildesheim und wurde im Jahr 1131 heiliggesprochen. Godehardus, Gotthard – dieser Name ist geblieben.

Lange galt das Gotthardmassiv als höchster Berg Europas, weil hier die Ketten der Alpen zusammenlaufen, weil von hier aus die Flüsse – die Reuss, der Rhein, der Tessin, die Rhone, die Aare – in alle Richtungen auseinanderfliessen. Erst vor ungefähr 200 Jahren erkannte man, dass das nicht stimmt. Goethe, der berühmteste Gotthardreisende, der dreimal auf der Passhöhe stand, schrieb: «Der Gotthard ist zwar nicht der höchste Berg der Schweiz, doch behauptet er den Rang eines königlichen Gebirges über alle anderen, weil die grössten Gebirgsketten bei ihm zusammenlaufen und sich an ihn lehnen.» Einen besonderen Nimbus erhielt der Pass auch dadurch, dass sich auf ihm Nord und Süd, germanische und romanische Kulturen besonders eng berühren. Carl Spitteler schrieb dazu: «Je schärfer aber die Gegensätze, je deutlicher und je näher sie nebeneinander treten, umso genussreicher wird ihre Überbrückung mittelst des Passes. Darum verspüren wir die gehobene Stimmung, die sich in schwächerem Grade bei jedem Pass einfindet, so unvergleichlich lebhaft auf dem Gotthard. Man weiss sich hier mehr in Europa als überall sonst.»

Bis zum Bau der Strasse, also weit über das Jahr 1800 hinaus, muss der Gotthard ein mühsam zu überwindender Pass gewesen sein. Die Wege waren holprige Pfade, die zu Fuss leichter zu begehen waren als zu Pferd. Als 1775 der Engländer Greville den kühnen Versuch machte, den Gotthard mit einer Kutsche zu überqueren, brauchte er 78 Mann, die an schwierigen Stellen seinen Reisewagen auseinandernehmen und tragen mussten, und die Fahrt von Altdorf nach Magadino dauerte sieben Tage, viel länger als zu Fuss. Erst zwischen 1820 und 1830 wurde die Strasse gebaut, nachdem Simplon, Bernardino und Splügen dem Gotthard den Rang abgelaufen hatten. Die Eröffnung der Gotthardbahn am 1. Juni 1882 versetzte dem Passverkehr erneut einen schweren Schlag, und erst das Auto brachte neuen Aufschwung. Unterdessen rollen auch die Autos durch einen Tunnel. Aber die vielen Touristen, Cars und Privatwagen vor dem Hospiz zeigen, dass der Gotthard dennoch seine Anziehungskraft nicht eingebüsst hat.

Wir machen uns wieder zu Fuss auf den Weg, auf das letzte kurze, aber steile Teilstück nach Airolo hinunter. Kurz nach dem Hospiz an der alten Strasse steht die Totenkapelle. Sie soll über einer Felsspalte erbaut worden sein, in die einst die Gebeine der auf dem Pass Umgekommenen geworfen wurden. Wenn wir heute bei gutem Sommerwetter über den Gotthard wandern, hat er nichts Beängstigendes mehr an sich. Früher wurde er während des ganzen Jahres begangen, auch im Winter, und forderte zahlreiche Opfer. Besonders berüchtigt war die Tremola, ein enges Tal, in das von allen Seiten die Lawinen stürzten, die den Weg oft viele Meter hoch überdeckten.

Gleich nach der Totenkapelle finden wir den alten Gotthardweg wieder, der zwischen Felsen hindurch deutlich sichtbar nach rechts und zum ersten kleinen Talboden hinunterführt. Dann überqueren wir eine Brücke und erreichen die berühmte Tremolastrasse, der wir, mit Abkürzungen, bis zum Ausgang der Schlucht folgen. Dort quert man wieder eine Brücke nach Motto di dentro und weiter nach Motto Bartola. Der Saumpfad führte hier durch ein Gebiet, das heute von Militäranlagen beansprucht wird, und weiter unten schräg nach Airolo. Wir folgen dem Wanderweg, zunächst der Strasse entlang bis zur ersten Wende, auf einem schmalen Pfad nach links dem Hang entlang und dann steil hinunter, zuletzt durch einen kühlen Wald. Es lohnt sich, sich das alte Passdorf Airolo anzusehen, bevor man durch den Tunnel in zehn Minuten nach Göschenen zurückfährt.

In der Leventina

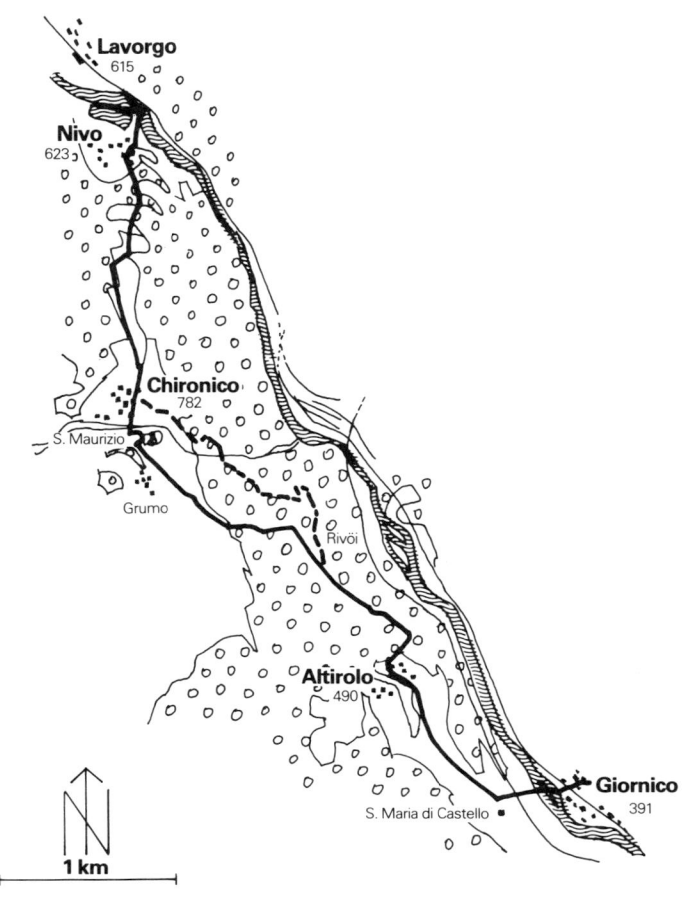

Route:	Lavorgo–Nivo–Chironico–Altirolo–Giornico
Wanderzeit:	Nivo–Giornico ca. 2 Stunden
Karten:	Landeskarte der Schweiz 1 : 25 000 Blatt 1273, Biasca
Unterkunfts- und Verpflegungs- möglichkeiten unterwegs:	Lavorgo Nivo Chironico Giornico
Anfahrt:	Mit Bahn oder Auto nach Lavorgo
Rückfahrt:	Von Giornico mit Bahn zurück nach Lavorgo

Eine Variante des alten Gotthardweges führte von Nivo bei Lavorgo über Chironico nach Giornico und umging so die Biaschinaschlucht. Der Weg ist noch weitgehend erhalten und bietet eine schöne, nicht allzu anzustrengende und kunsthistorisch interessante Wanderung von etwa zwei Stunden.

Es hat mich schon immer interessiert, wo in der Leventina der alte Gotthardweg gewesen und was davon noch erhalten ist. Es gibt eine Karte aus dem Jahr 1734, auf der die Strasse stracks durch den Talboden führt. Ein Tessiner Fachmann hat das bestätigt:

«Die sogenannte Strada alta auf der östlichen Seite des Tales wurde nie für Warentransporte benützt, ausgenommen auf einem kurzen Stück in der Gegend von Freggio - Osco. Die Entwicklung der Zentren im Talboden stand in engem Zusammenhang mit dieser Quelle von Handel und Verdienst durch die Warentransporte. Man darf ohne weiteres annehmen, dass der Verkehr immer den direktesten und bequemsten Weg gesucht hat.»

Das Haupthindernis in der Leventina war seit jeher die Schlucht des Monte Piottino oberhalb Faido. Nach der Eröffnung des Gotthardpasses um 1220 wurde die Schlucht zunächst auf der linken Talseite, eben bei Osco, umgangen. Von Osco hat sich eine Säumerordnung aus der ersten Zeit des Gotthardverkehrs erhalten. Etwas später wurde ein Weg auf der rechten Talseite über Dalpe und Prato gefunden. Es müssen dort noch Reste dieses Saumpfades vorhanden sein. Beide Wege führten nach Faido hinunter. Schon 1493 liess Uri einen direkten Weg durch die sogenannte Platiferschlucht bahnen. Es wurde ein Zoll bewilligt, um die Kosten für diesen Weg zu decken. Das war der «Dazio Grande», der «grosse Zoll», oberhalb der Schlucht bei Rodi. Das Zollhaus soll heute noch stehen; der Weg ist wohl durch Bahn-, Strassen- und Autobahnbau weitgehend zerstört worden.

Das zweite Hindernis, die Biaschinaschlucht oberhalb von Giornico, war weniger schwierig zu überwinden, und ein Pfad führte wohl von Anfang an durch den Talboden. Unser Tessiner Gewährsmann schreibt jedoch: «Es ist richtig, dass eine der Varianten zur Überwindung der Biaschina folgende Route benützte: Faido–Chiggiogna–Nivo–Chironico–Grumo–San Pellegrino–Altirolo–Giornico.» Von Faido bis Nivo folgte der Weg dem Talboden und ist heute, falls überhaupt etwas davon übrig war, durch den Autobahnbau verschwunden. Von Nivo über Chironico nach Giornico ist er weitgehend erhalten und bietet eine Wanderung, die auch weniger Geübten und Trainierten Spass machen wird.

Wir verlassen die Bahn oder das Auto in Lavorgo und queren den Tessinfluss zum Dörfchen Nivo hinüber. Die Autobahn macht sich hier vorläufig als riesige Baustelle breit; oberhalb von Giornico werden wir sie nochmals antreffen. Wir steigen – nicht auf der Strasse, sondern mitten durchs Dorf – zum Wald hinauf und finden dort, wo eine alte Wegkapelle steht, den Anfang des Saumweges. Dieser Weg ist noch nicht als Wanderweg markiert, aber leicht zu finden. Es macht mehr Spass, ein wenig Pfadfinder zu spielen und seine Sinne anzustrengen, als einfach den gelben Täfelchen zu folgen. Der Pfad führt in einer knappen halben Stunde durch einen prächtigen Kastanienwald auf das Plateau von Chironico. Er quert mehrmals die Strasse, die aber wenig befahren ist. Wo wir die offenen Wiesen erreichen, wechseln wir am besten nach rechts an den Hang hinüber.

Wir sind erstaunt über das stattliche Dorf, das von Bahn und Strasse aus überhaupt nicht sichtbar ist. Es liegt in einem Talboden des Ticinetto, der vom Pizzo Campo Tencia herunterkommt und unterhalb der Biaschina in den Tessin mündet. Chironico war einst Säumerstation am Gotthardweg. Wer sich die Zeit nimmt, durch die Gassen zu gehen, entdeckt ein Kleinod: das Dorfkirchlein Sant'Ambrogio, dessen Glockenseil frei an der Aussenseite des Turmes herunterhängt. Erstaunlich ist das Innere, zweischiffig und vollständig mit Fresken ausgemalt, der berühmten Kirche San Carlo in Negrentino im Bleniotal vergleichbar. An die frühere Bedeutung des Ortes erinnert auch der Wohnturm der Familie Pedrini.

Vor Chironico treffen wir auf das Strässchen, das von Dalpe über die Alp Gribbio führt. Es gehört zur «Strada alta» auf der rechten Talseite der Leventina. Der weitere Weg nach Giornico entspricht dem Schlussstück dieser Wanderroute. Es sind jedoch zwei Varianten zu beachten. Die eine zweigt im Dorf selber ab, überquert bei einem kleinen Staubecken den Fluss und führt in steilem Zickzack zum Maschinenhaus eines alten Elektrizitätswerkes, das 1907 erbaut wurde und eine der ältesten Anlagen dieser Art ist. Dann folgt der Weg dem Hang und erreicht die Kirche San Pellegrino. Diese Route bietet einen imposanten Blick auf die Anlage der Gotthardbahn in der Biaschina, wo sie mit zwei Kehrtunnels und drei übereinanderliegenden Linien die Steilstufe überwindet.

Der alte Saumweg führt jedoch zunächst auf der Strasse zur stattlichen neuen Kirche hinüber, rechts daran vorbei und durch Wiesen unter den Häusern des Weilers Grumo durch. Wo der Abstieg beginnt, ist eine weitere Abzweigung zu beachten. Ein neueres Strässchen folgt der Hochspannungsleitung; der richtige Weg zweigt ziemlich unscheinbar nach links ab, überquert einen Grat und führt ein paar Stufen hinunter. Die Abzweigung ist bezeichnet, aber leicht zu übersehen. Dann steigt man schräg dem Hang entlang durch einen lockeren Wald, der etwas die Aussicht behindert, zur Wallfahrtskirche San Pellegrino hinunter.

Die Stille des Waldes umfängt den Wanderer hier, nur von ferne dringt das Rollen der Züge und das Geräusch der Autos zu uns herauf. Ein Uristier und das Wappen der Leventina schmücken die Aussenmauer der Kirche und erinnern an die Geschichte des Tales, das lange eine Vogtei von Uri war. Im Innern enthält die Kirche schöne Fresken. Etwas weiter unten schneidet die Autobahn den alten Weg ab. Wir wenden uns durch die höchstgelegenen Rebgärten der Leventina nach rechts zum Dörfchen Altirolo. Auf der Strasse wandern wir weiter nach Giornico, dessen oberste Kirche, Santa Maria del Ca-

stello, von weitem grüsst. Auf ihrem Hügel stand einst eine Burg, die von den Urnern zum Teil zerstört und zum Teil als Landvogteisitz benützt wurde. Es lohnt sich, den kurzen Weg hinaufzusteigen und den Ausblick auf das Dorf und die weite Ebene gegen Bodio und Biasca zu geniessen.
Die Wanderung gibt Gelegenheit, Giornico und seine Sehenswürdigkeiten zu besuchen. Meist fährt man nur hindurch und wirft allenfalls einen flüchtigen Blick auf die Kirche San Nicolao, die zu den berühmtesten des Tessins gehört. Die Kirche ist aus mächtigen Granitquadern erbaut, der Stil ist reine lombardische Romanik. Wer Sinn für harmonische Formen hat, wird von diesem urtümlichen Bau beeindruckt sein. Eine Steinplatte über dem Hauptportal trägt die Jahreszahl 1168. Die neuere Hauptkirche steht in der Nähe. Der Kern des Dorfes liegt jedoch auf der anderen Talseite. Wir steigen den Weg hinunter zu den beiden alten Brücken, die über ein Inselchen den Tessinfluss queren. Gleich nach der Brücke rechts finden wir eine weitere Sehenswürdigkeit: die «Casa Stanga», einst Herberge, in der viele berühmte Gotthardreisende übernachteten, jetzt Talmuseum, schön restauriert, mit wappengeschmückter Front. Ein Gang durch die engen Gassen hinauf vermittelt einen Eindruck von einem Etappenort, der wohl fast ausschliesslich vom Gotthardverkehr gelebt hat.
Giornico ist bekannt durch die Schlacht, die am 28. Dezember 1478 stattfand. Oberhalb des Dorfes neben der Strasse findet man das Denkmal zur Erinnerung an die Schlacht der «Sassi grossi». Ein Eidgenosse wälzt einen mächtigen Felsblock auf die Feinde hinunter. Die Legenden, die sich um diesen Kampf gebildet haben, sind aber wohl falsch. Die Eidgenossen hatten Bellinzona belagert und waren unverrichteter Dinge abgezogen; sie hatten nur 125 Mann in der Leventina zurückgelassen. Ein Heer von 10 000 Mailändern zog, gegen den ausdrücklichen Rat der Feldherren, aber auf Befehl der Regierung in Mailand, im tiefen Neuschnee in Einerkolonne mühsam gegen Giornico. Sie wurden unterhalb des Dorfes von ein paar hundert Leventinern, verstärkt durch die Eidgenossen, überfallen, die keine grosse Mühe hatten, den schwerfälligen Gegner in Unordnung zu bringen und in die Flucht zu schlagen. Dieser Erfolg sicherte den Urnern endgültig den Besitz der Leventina und legte den Grundstein für die Eroberung des ganzen Tessins.
Die kurze Wanderung von Lavorgo über Chironico nach Giornico kann als bequemer Tagesausflug oder als Unterbruch auf der Reise nach Süden gemacht werden. Mit der Bahn fahren wir zurück nach Lavorgo oder nach Bellinzona, das nicht mehr weit ist.

San Jorio-Pass

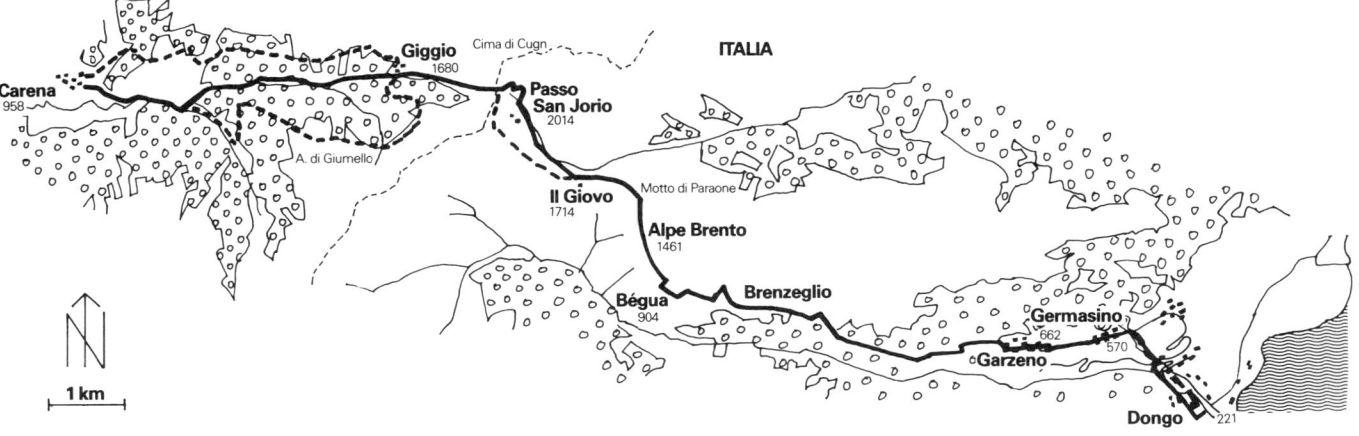

Route:	Carena–Alp Giggio–San Jorio Passhöhe –Il Giovo–Alp Brento–Begua– Brenzeglio–Garzeno–Germasino–Dongo
Wanderzeit:	Carena–Passhöhe ca. 3½ Stunden Passhöhe–Dongo ca. 4½ Stunden
Karten:	Landeskarte der Schweiz 1:25 000 Blatt 1314, Passo San Jorio
Unterkunfts- und Verpflegungs- möglichkeiten unterwegs:	Carena Rifugio il Giovo Dongo
Anfahrt:	Mit Postauto oder Privatwagen bis Carena
Rückfahrt:	Mit Bus oder Schiff

Der Passo San Jorio verbindet das Tessintal bei Giubiasco mit dem Comer See bei Dongo und war einst ein vielbenutzter Verkehrsweg. Heute ist er kaum mehr bekannt und kann neu entdeckt werden.
Zuhinterst in Carena, dem obersten Dorf im Val Morobbia, sozusagen am Ende der Welt, steht ein grosses Schweizer Zollhaus. Es zeigt, dass der Joriopass einst zu «besserem» benützt wurde als nur für einsame Wanderungen. Zum Beispiel zum Schmuggeln. Noch vor wenigen Jahren – so erzählen Leute, die die Gegend kennen – konnte man beobachten, wie die Schmuggler auf dem Dorfplatz von Carena ihre Lasten packten und sich, mit langen Stöcken ausgerüstet («gut gegen die Hunde der Zöllner»), auf den Weg machten. Auch von Italien her wurde geschmuggelt, billige Uhren zum Beispiel, die dann als «made in Switzerland» wieder exportiert wurden. Heute lohnt sich diese mühsame Art der Schmuggelei nicht mehr. Die «Ware» wird in doppelbödigen Lastwagen viel bequemer über die Grenze gebracht.
Noch viel früher aber muss der Joriopass ein wichtiger Verkehrsweg gewesen sein. Den ersten Hinweis fand ich im Historisch-biographischen Lexikon der Schweiz. Im Artikel «Tessin, Verkehrsmittel» heisst es: «Die ältesten Strassen waren eher Saumwege als fahrbare Strassen. Die grossen Verkehrswege waren: Gotthard ... in der Längsrichtung; in der Querrichtung reiste man vom Comersee nach Domodossola und zum Simplon über den Jorio–Bellinzona–Locarno und die Centovalli. Die Strasse über den Jorio wird 1465 erwähnt» (als die Republik Como einen

Zoll einrichtete). Und im Abschnitt über den San Jorio (deutsch Jörisberg): «Schon im 15. Jahrhundert war die San Jorio-Strasse stark begangen. In strategischer Hinsicht kam diesem Pass immer grosse Bedeutung zu, denn er bildet eines der drei Einfallstore in die Lombardei von Bellinzona aus.» Er spielte darum auch in den Kriegen der Eidgenossen und Bündner um die südlichen Alpentäler eine Rolle.
Heute ist der Pass fast vergessen. Wer ihn erwandern will, fährt mit Post- oder Privatauto von Giubiasco nach Carena hinauf, das fast tausend Meter hoch liegt. Gleich hinter dem Zollhaus führt der alte Weg zunächst auf gleicher Höhe ins Tal hinein. Pflästerung und abgeschliffene Felsen zeigen, dass er nicht nur von Wanderschuhen begangen wurde. Wo sich das Tal verzweigt, erinnert eine Tafel daran, dass dies der erlaubte Weg zum Zollhaus sei. Man folgt, in der Marschrichtung gesehen, dem Bach links. Die eigentliche Steigung, das Schwitzen und Herzklopfen, beginnt aber erst recht, wo der Weg das Tal verlässt und wieder nach links steil zur Alp Giggio hinaufführt. Sie ist nicht bewirtschaftet; aber ein Brunnen bietet gutes, frisches Wasser. Weiter geht es durch niedriges Gehölz und zuletzt über Alpweiden zur Passhöhe auf 2014 m Höhe. Der Jorio ist also kaum niedriger als der Gotthard. Für den Aufstieg braucht man je nach Tempo gut drei bis dreieinhalb Stunden, und wer nicht trainiert ist, wird die Beine spüren. Der Weg ist etwas vernachlässigt und nicht überall gut sichtbar, er fasert manchmal aus und findet sich wieder zusammen. Aber er ist überall gut begehbar und markiert. Wer keine nassen Füsse riskieren will, soll gute hohe Wanderschuhe tragen; wer es mit gewöhnlichen Halbschuhen versucht, wird ohnehin nicht weit kommen.
Der Reiz des Joriopasses liegt darin, dass man am gleichen Tag alle Vegetationsstufen von der südlichen bis zur hochalpinen erlebt: Aus der fruchtbaren Magadinoebene fährt man zunächst durch die prächtigen Weingärten von Pianezzo und die Kastanienwälder des Val Morobbia. Auf der Wanderung hat man lichte Laubwälder um sich, Buchen, Erlen und Birken, weiter oben dunkle Bergtannenwälder wie auf der Alpennordseite, dann Föhren und schliesslich Alpweiden mit der ganzen Bergflora. Auch die Landschaft ist reizvoll. Ich habe den Pass zweimal besucht; beide Male hinderten Dunst und Nebelschwaden die Sicht. Bei klarem Wetter muss man aber auf der einen Seite bis zum Langen- und

Beladene Saumrosse

auf der anderen bis zum Comer See sehen können. Man kann den Joriopass von Carena aus als Tagesausflug machen und auf dem gleichen Weg zurückkehren. Es gibt auch Varianten für den Rückweg: auf der rechten Talseite über die Alp Croveggia oder Alp Fossada oder auf der anderen Seite zur Alp Giumello. Sogar nach Roveredo, ins Misox hinüber, führt ein Weg.

Auf der italienischen Seite ist der Pass völlig anders: steile, kahle Hänge ohne jeden Baumwuchs bis weit hinunter. Kein Wunder, dass unter den italienischen Grenzwächtern, deren Gedenksteine am Wege stehen, auch solche sind, die von Lawinen verschüttet wurden. Auch der Weg ist anders: Ein Strässchen führt bis zur Passhöhe, gut angelegt, aber etwas vernachlässigt, steinig und ausgewaschen. Es geht nicht direkt durch das Valle San Jorio nach Gravedona hinunter, sondern nach rechts über den Grat ins Val Dongo hinüber. Eine Abkürzung zweigt gleich bei der Passhöhe nach rechts ab und führt über den Grat hinunter. Wo sich die beiden Wege wieder treffen, findet man das Rifugio Giovo des italienischen Alpenclubs, wo man etwas zu trinken bekommt und auch übernachten kann. Die Italiener haben, vermutlich zur Bekämpfung des Schmuggels, den Grenzhängen entlang ein Netz von Wegen gebaut, und eine Kette von Alpenclubhütten bietet Unterkunft.

Unser Weg führt weiter dem Hang entlang und in engen Kehren zur Alp Brento und zu den Alpdörfern Begua und Brenzeglio. Endlich die ersten Häuser und Bäume. Erstaunlich, wie hier selbst die steilsten Wiesen immer noch von Hand gemäht werden und wie das Heu mit der traditionellen Gerla nach Hause getragen wird. Eine Besonderheit sind Heustadel mit steilem strohbedecktem Dach und aus Ästen geflochtener Vorderwand. Die Männer grüssen mit «salve».

Dann ein fahrbares, aber nicht geteertes Strässchen durch Kastanienwald nach Garzeno, dem ersten Dorf. Endlich der erste Blick auf den Comer See. Das Tal weitet sich, die Strasse ist geteert, es wird hemmungslos gehupt, man ist wieder zurück in der Zivilisation. Doch gleich nach Germasino, dem nächsten Dorf, zweigt ein alter gepflästerter Weg rechts von der Strasse ab und führt durch schöne Rebhänge direkt nach Dongo hinunter: zum Schluss nochmals ein echter Saumpfad.

Und noch eine geschichtliche Reminiszenz: Dongo, das benachbarte Musso, die Tre Pievi haben in der Schweizer und vor allem Bündner Geschichte eine Rolle gespielt. Das Gebiet war kurze Zeit, von 1512 bis 1526, bündnerisches Untertanenland. In den Müsserkriegen kämpfte man gegen den Kastellan von Musso, der seine Herrschaft nach Chiavenna und ins Veltlin ausdehnen wollte. Sein Schloss wurde damals zerstört. Und aus der neueren Geschichte: Der italienische Diktator Mussolini wurde am 27. April 1945 auf der Flucht bei Dongo gefangengenommen und einen Tag nachher erschossen.

Der Weg vom Joriopass nach Dongo ermöglicht eine gemächliche und bequeme, aber sehr lange Wanderung, für die man gut vier Stunden rechnen muss. Ungünstig für eine Passüberquerung sind die Verkehrsverbindungen. Von Dongo kann man mit Bus oder Schiff Menaggio oder Como erreichen und nach Lugano zurückkehren.

Surenenpass

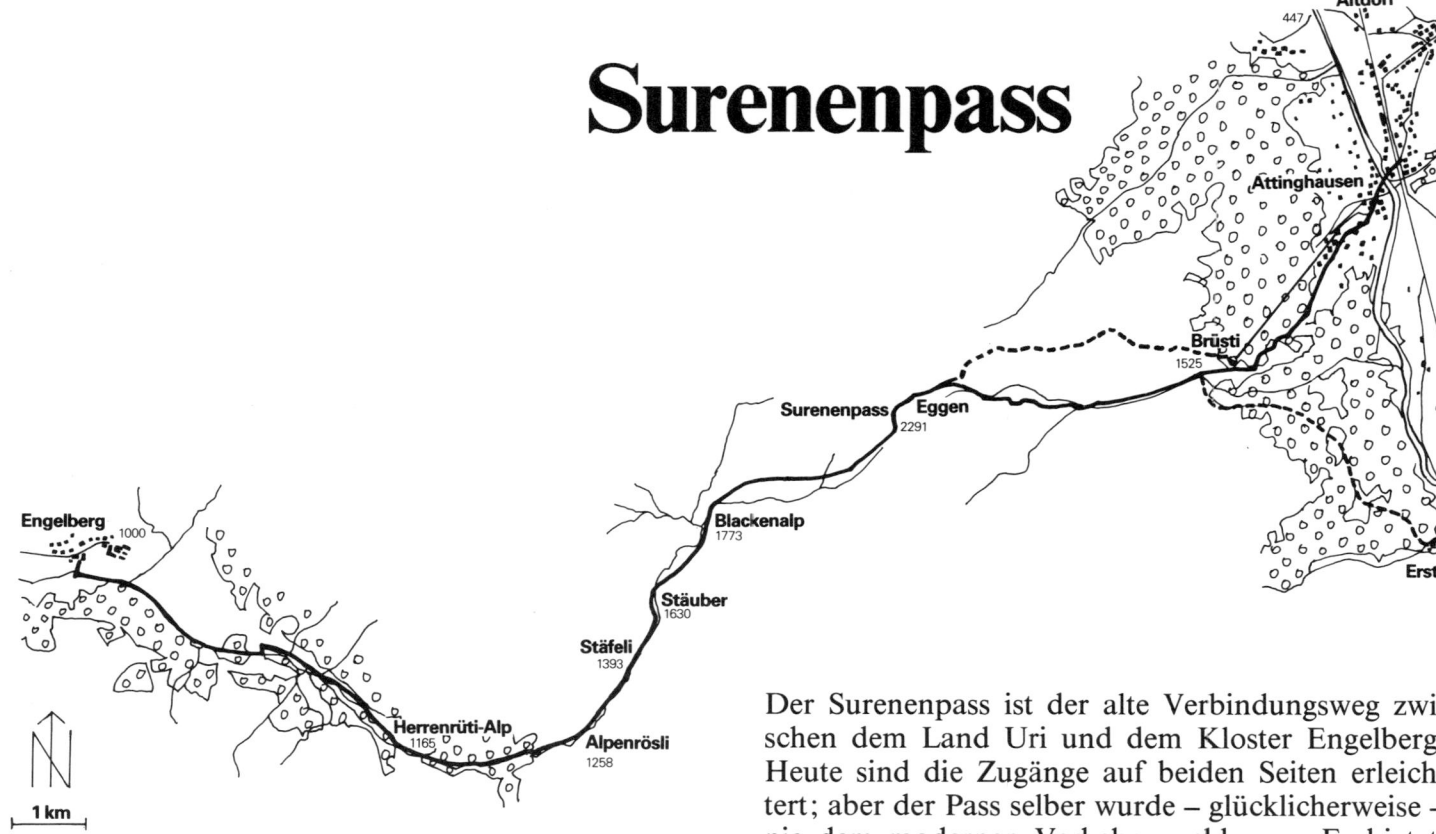

Route:	Engelberg–Herrenrüti-Alp–Alpenrösli–Stäfeli–Blackenalp–Surenenpasshöhe–Grat–Eggen–Brusti–Attinghausen
Variante:	Passhöhe–Grat–Eifrutt–Waldnacht
Wanderzeit:	Engelberg–Alpenrösli ca. 2 Stunden Alpenrösli–Surenenpass ca. 3 Stunden Surenenpass–Brusti ca. 2 Stunden Brusti–Surenenpass ca. 3 Stunden Surenenpass–Alpenrösli ca. 2½ Stunden Alpenrösli–Engelberg ca. 1½ Stunden
Karten:	Landeskarte der Schweiz 1:25 000 Blatt 1191, Engelberg
Unterkunfts- und Verpflegungsmöglichkeiten unterwegs:	Engelberg Restaurant Alpenrösli Stäfeli Blackenalp Brusti Attinghausen Waldnacht
Anfahrt:	Mit Bahn oder Auto nach Engelberg
Rückfahrt:	Mit Bus ab Brücke Attinghausen nach Altdorf

Der Surenenpass ist der alte Verbindungsweg zwischen dem Land Uri und dem Kloster Engelberg. Heute sind die Zugänge auf beiden Seiten erleichtert; aber der Pass selber wurde – glücklicherweise – nie dem modernen Verkehr erschlossen. Er bietet, wie selten anderswo, eine unberührte, grossartige Berglandschaft, die ganz den einheimischen Älplern und den Wanderern gehört.

Einst reichte das Gebiet des Klosters Engelberg bis zur Passhöhe. Aber die Urner drängten auf der Suche nach Alpweiden über den Pass. Sie waren – natürlich – stärker als die Mönche, und nach langen Streitigkeiten wurde die Grenze bis nahe an den Talboden von Engelberg vorgeschoben. Wo der Wald aufhört, beginnt der Kanton Uri.

Der Urner Landwirtschaft ginge es schlecht ohne die sogenannten Aussenalpen, meinte ein Altdorfer Landwirt, der sein Vieh auf der Alp Surenen sömmert. Das Tal der Reuss ist so eng, dass es wenig Raum für Viehwirtschaft bietet. So zogen die Urner in früher Zeit über die Pässe und erstritten sich Alpen, die geographisch nicht mehr zum Reusstal gehören: den Urnerboden jenseits des Klausen, die Alpen jenseits des Kinzigpasses gegen das Muotatal und eben die Surenenalp ob Engelberg. Nur auf dem Gotthard verläuft die Kantonsgrenze nördlich der Passhöhe – aber das Tal Urseren gehörte ursprünglich auch nicht zum Land Uri.

Der Surenenpass bildete mit seinen 2300 m Höhe einen ziemlich mühsamen Übergang, vor allem vom Reusstal aus, das nicht einmal 500 m hoch liegt.

Über diesen Pass mögen einst die Pilger gezogen, mögen die Unterwaldner marschiert sein, wenn sie den Urnern bei ihren ennetbirgischen Kriegen Zuzug leisteten, mögen auch Waren vom Gotthard nach Engelberg gesäumt worden sein. Zur Zeit der Franzosenkriege, im Jahr 1799, zog ein französisches Korps über den Pass und musste sich vor Suworows Armee wieder zurückziehen. Vor allem aber trieben die Urner seit jeher ihr Vieh auf die Alpen. An einigen Stellen ist der alte, gepflästerte Weg noch gut erhalten; zum grössten Teil ist er aber der Zeit und dem Wetter zum Opfer gefallen, und es ist ein einfacher Alpweg aus ihm geworden.

Die schönsten Saumwege sind jene, die nie für den modernen Verkehr ausgebaut wurden. Zwar befördert eine Seilbahn seit einigen Jahren die Passgänger in wenigen Minuten von Attinghausen über eine Höhendifferenz von tausend Metern auf den Brustiberg. Dadurch ist der Zugang bedeutend leichter und der Pass wieder attraktiver geworden. Auch auf der Engelberger Seite ermöglicht eine Strasse die Zufahrt mit dem Auto bis zur Kantonsgrenze. Aber dazwischen herrscht herrliche, unberührte Bergwelt, mit der Kette des Titlis, des Grassen, des Kleinen und Grossen Spannorts und des Schlossbergs im Süden, mit ihren imposanten Felswänden und hängenden Gletschern, die im Abendlicht oft fast durchsichtig erscheinen. Wer gar bei schönem Wetter auf dem Stäfeli oder der Blackenalp übernachtet und einen Abend und Morgen erlebt, wird diesen Eindruck kaum vergessen.

Um die Alp Surenen gibt es eine Sage, die im Urnerland heute noch bekannt ist. Sie erklärt auf ihre Art den Besitzwechsel der Alp von Engelberg an Uri und die Tatsache, dass früher oft Vieh an Krankheiten zugrunde ging. Und sie schildert auch den Ursprung des Stiers im Urner Wappen. Zusammengefasst lautet sie ungefähr so:

Ein Hirtenbub auf Surenen hatte ein Schäflein so lieb, dass er es schliesslich taufen wollte wie einen Menschen. Er ging über die Surenenegg, wie der Pass in der Innerschweiz genannt wird, nach Attinghausen, erbrach den Taufstein, nahm Taufwasser mit und taufte das Lamm. Kaum war das geschehen, erbrauste ein Sturm, und das Schäflein verwandelte sich in ein furchtbares Ungeheuer, das die Hütte mitsamt dem Hirtenbuben zerschmetterte. Das Greiss – so wurde das Ungeheuer genannt – duldete fortan weder Menschen noch Vieh auf Surenen. Den Engelbergern verleidete die Alp, und sie gaben sie um billiges Geld den Urnern. Doch diesen ging es auch nicht besser.

Ein Männlein gab ihnen dann diesen Rat: Sie müssten ein silberweisses Stierkalb sieben Jahre lang jedes Jahr von einer Kuh mehr säugen lassen, dann werde es so stark, dass es das Greiss töten könne. Eine reine Jungfrau müsse dann den Stier an ihren Haarbändern dem Greiss entgegenführen und ihn losbinden, sobald er das Ungeheuer wittere; dann müsse sie sofort umkehren und dürfe nicht zurückschauen. Alles geschah so, ausser dass die Jungfrau ihre Neugier nicht bezähmen konnte und zurückblickte. Ein schreckliches Gebrüll erhob sich, und eine Rauchsäule stieg auf. Das Greiss war tot, und von der Jungfrau ward nichts mehr gesehen. Auch der Stier lag tot im Alpbach, weil er nach der Hitze des Kampfes zu gierig daraus getrunken hatte.

Die Gegend war vom Greiss befreit – und doch nicht ganz! Noch viel später, wenn Vieh auf unerklärliche Weise umkam, gab man die Schuld dem Greiss. Der Bach, aus dem der Stier getrunken hatte, heisst heute noch der Stierenbach. In einer Schilderung aus dem Jahr 1862 wird berichtet, jedes Jahr werde noch ein Bittgang von Attinghausen nach der Kapelle auf der Surenenalp unternommen, um Schutz für das Vieh vor dem Greiss zu erbitten. Auf der Alp Waldnacht, auf der Urner Seite des Passes, zeige man noch den «Stierengaden», wo der Stier während der Aufzucht gehalten worden sei, und auf der Alp könne man an einem Felsen die Fussspuren sehen, die er im Kampf geschlagen habe. Davon wissen die Leute heute allerdings kaum mehr etwas. Und am Schluss der Erzählung heisst es, von diesem «Uristier» habe man das Schlachthorn der Urner gehabt, das später in den italienischen Kriegen verlorengegangen sei.

Wir haben die Wanderung in Engelberg begonnen, das mit der Bahn auch am Nachmittag noch bequem erreicht werden kann. Wer dem Dorf und der Klosterkirche nicht einen Besuch machen will, wechselt gleich vom Bahnhof aus auf die andere Seite der Engelberger Aa und folgt dem schattigen «Professorenweg». Man kann ihn auch weiter oben noch benützen, wo er schmaler wird und über Weiden führt: eine prächtige Wanderung mit der Kulisse der Spannörter vor Augen. Spätestens beim Parkplatz der Fürrenalp-Seilbahn quert man wieder auf die andere, in der Marschrichtung linke Seite der Aa, weil man sonst auf unwegsame Alpwege gerät. Dann geht es über Weiden und auf einem guten Weg an der Herrenrüti-Alp vorbei zum «Alpenrösli», wo bereits die Urner Fahne weht. Das «Alpenrösli» ist eine beliebte Ausflugswirtschaft.

Nun beginnt der Weg ernsthaft zu steigen. Man erreicht bald das «Stäfeli», eine Alp mit Wirtschaft und Touristenlager. Hier zweigt für die Bergsteiger der Weg zur Spannorthütte ab. Und hier müssen auch die Einheimischen ihre Autos stehen lassen. Der Weg steigt zunächst durch ein enges Tal zum «Stäuber», einem Wasserfall mit passendem Namen; dann öffnet sich vor uns ein weiter Talkessel mit prächtig grünen Weiden, die Blackenalp. Wir erreichen zuerst die Kapelle und dann die Alphütte. Hier wurde ein neuer Stall gebaut mit einem Massenlager auf dem Heuboden. Ein Zeichen dafür, dass die Alpwirtschaft hier so aktuell ist wie eh und dass die Wanderer einen willkommenen Zusatzverdienst bringen. Es werden auch die eigenen Produkte angeboten: Milch und Käse. Die Alpen sind – je nach Wetter – von ungefähr Ende Juni bis Ende September bewohnt; bei schlechtem Wetter kann es jedoch vorkommen, dass der Wanderer vor verschlossenen Türen steht. Platz zum Übernachten habe es immer, wurde uns versichert, obwohl sich an schönen Sommerwochenenden manchmal eine kleine Völkerwanderung über den Pass bewegt.

Von der Alp folgt nochmals ein Anstieg bis zur Passhöhe. Und dann ein Blick auf die saftigen Weiden von Surenen – und ein Blick hinüber auf die kahlen Geröllhalden, die letztes Jahr noch im August zum grossen Teil mit Schnee bedeckt waren. Kein Wunder, dass die Urner einst mit den grünen Alpen auf der Engelberger Seite liebäugelten.

Seit die Seilbahn nach Brusti eröffnet wurde, benützt man für den Ab- oder Aufstieg auf der Urner Seite meist den direkten Weg und nicht mehr den alten Pfad durch den Talboden. Man quert am Fuss der grossen Geröllhalde unter dem Blacken- und Brunnistock nach links in die kleine Einsattelung links des Angistockes und folgt dem Grat von Laucheren bis zur Seilbahnstation. Wir haben den Weg einmal im Nebel gemacht. Das ist zwar ein eindrückliches Erlebnis, aber nicht unbedingt zu empfehlen. Der Pfad folgt zum grossen Teil einem schmalen Grat, der zu beiden Seiten steil abfällt. Er ist gut markiert und gut zu begehen, erfordert aber doch etwas Bergerfahrung, Schwindelfreiheit und gute Schuhe. An den heikelsten Stellen ist er mit Drahtseilen gesichert. Auf keinen Fall darf man hier den Weg verlassen!

Wir haben aber auch den alten Passweg begangen, der über zwei Steilstufen zur Alp Waldnacht hinunterführt, die rund 1400 m hoch liegt. Am Ende des flachen Talbodens folgt nochmals ein Absturz ins Reusstal. Dort trennen sich die Wege: Rechts gelangt man steilen Felsen entlang nach Erstfeld, links in einer Gegensteigung zur Kapelle und dann hinunter nach Attinghausen. Wir stiegen nochmals zum Brusti oder Brüsti hinauf. Vom Restaurant neben der Seilbahnstation hat man bei klarem Wetter einen herrlichen Blick hinab bis zum Urnersee. Auch hier gibt es Touristenlager und Zimmer; man kann also am Abend zum Brusti hinauffahren und übernachten und dann am Morgen den Pass in Angriff nehmen.

Wir überwanden die Versuchung, in die Kabine zu steigen und uns bequem ins Tal bringen zu lassen. Wir marschierten den Passweg hinunter. Ein erstaunlicher Weg! Zum grossen Teil noch gepflästert, führt er steil und direkt durch Wald und Wiesen und überwindet auf kürzester Distanz eine Höhendifferenz von tausend Metern. Wo er durch Heuwiesen führt, ist er wie ein Hohlweg vertieft und von Mauern eingefasst, damit das Vieh nicht ausbrechen kann. Hier wurde und wird zum Teil heute noch das Vieh auf die Alpen getrieben, hier ziehen die Sennen nach Surenen. Erstaunlich, welche Strapazen die Älpler auf sich nahmen, um ihren Lebensunterhalt zu sichern. Neuerdings werden die Tiere allerdings immer mehr auf Camions verladen und durch den Seelisbergtunnel nach Engelberg gebracht, von wo aus sie die Alpen viel bequemer erreichen.

Nach der Passwanderung wird man gern die Seilbahn benützen, um ins Tal zu gelangen. Wen aber der Ehrgeiz packt, dem sei dieser alte Surenenweg angelegentlich empfohlen! Der Wanderer sollte auch nicht versäumen, der Ruine Attinghausen einen Besuch zu machen. Eine Tafel orientiert über die einstigen Bewohner: Die Freiherren von Attinghausen stellten sich einst der Innerschweizer Freiheitsbewegung als Führer zur Verfügung und spielten in der Gründungszeit der Eidgenossenschaft eine wichtige Rolle.

Gleich nach der Reussbrücke links hält der Bus, der zum Bahnhof Altdorf oder via Altdorf (umsteigen) nach Flüelen fährt, wo auch die Schnellzüge halten.

Engelberg

Jochpass

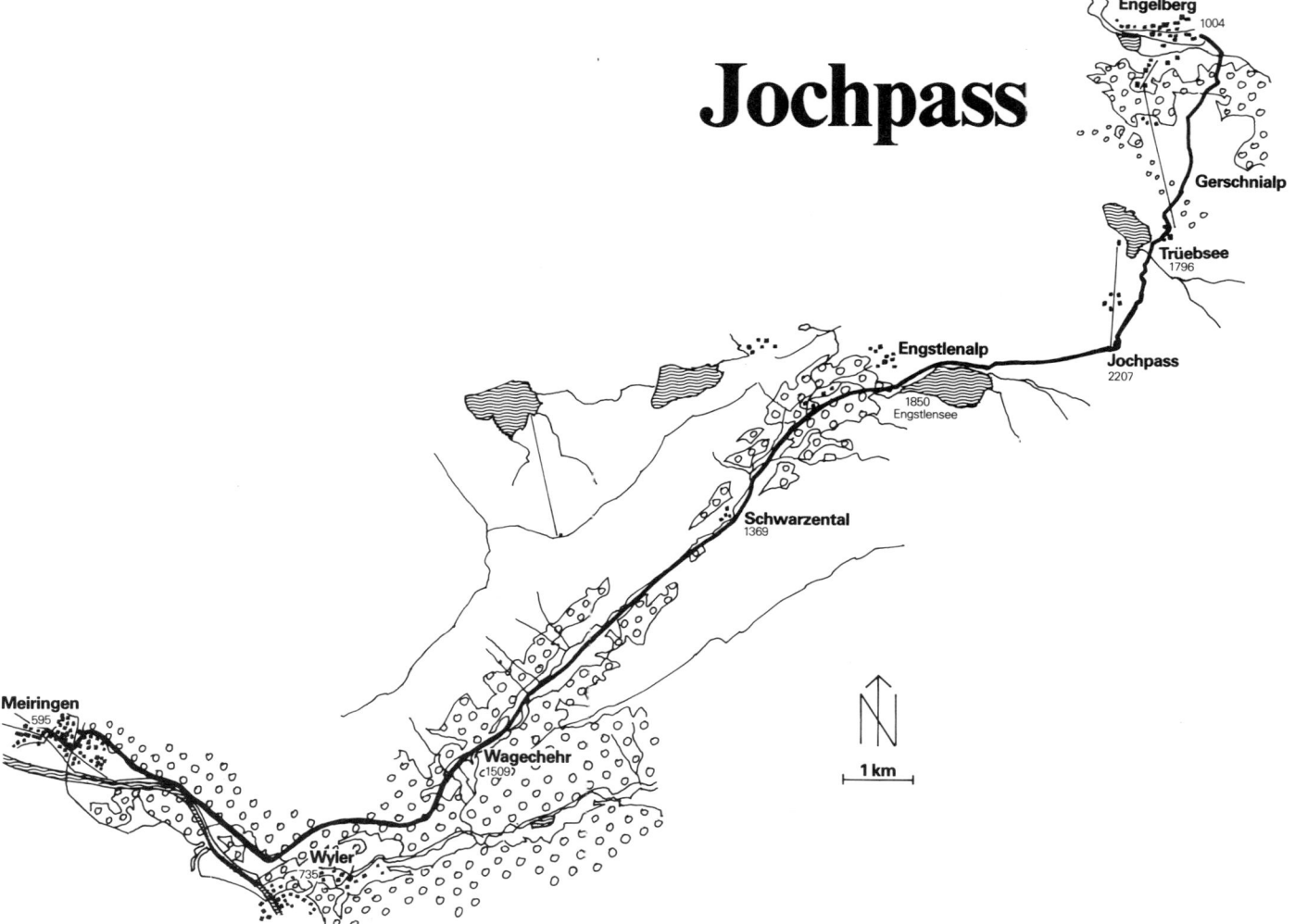

Route:	Engelberg–Gerschnialp–Trübsee–Jochpass–Engstlensee–Engstlenalp–Schwarzental–Wagenkehr–Wilerli–Meiringen
Wanderzeit:	ca. 9 Stunden
Karten:	Wanderkarte Jochpass Wanderkarte Oberhasli 1:50 000 (Herausgeber: Verkehrsverein Hasliberg, 6082 Hasliberg-Wasserwendi)
Unterkunfts- und Verpflegungsmöglichkeiten unterwegs:	Engelberg Gerschnialp: Café Ritz Trübsee: Restaurant und Pension Untertrübsee Sporthotel Trübsee Restaurant Alpstübli Jochpass: Berghaus Jochpass Engstlenalp: Hotel Engstlenalp Meiringen
Anfahrt:	Mit Zug oder Auto nach Engelberg
Rückfahrt:	Mit Zug

Ich weiss nicht, wie der Jochpass zu seinem Namen gekommen ist. Vermutlich hat der Mensch auch hier seine Alltagssprache in die Landschaft übertragen: Bergjoch, Bergrücken, Sattel, Stock und Horn... lauter Wörter aus dem Sprachschatz einer bäuerlichen Welt. Pflügenden Ochsen hat man ein Joch umgelegt, aber auch Saumpferde und Saumesel kamen unters Joch, wenn sie nicht als Packtiere, sondern als Zugtiere in das geschäftige Treiben der Menschen eingespannt wurden.

Der Jochpass, seit altersher eine gute Saumpfadverbindung zwischen Engelberg und Meiringen, bildet gleichzeitig die Grenze zwischen Bern und Unterwalden, und Grenzen sind fast immer das Ergebnis von Händeln, Zänkereien, Kriegen, haben zu tun mit Herrschen und Beherrschtwerden, mit Joch und Unterjochung. Auch am Jochpass. Im zweiten Villmerger Krieg, 1712, zogen die Truppen der unterjochten Waadt zum Schutz der Berner Grenzen durchs Gental hinauf zur Engstlenalp. Meines Wissens ist es dann nur zu zwei sonntäglichen Feldgottesdiensten gekommen, und der Jochpass ist die natürliche Grenze zwischen Bern und Unterwalden geblieben.

Wir beginnen unsere Wanderung in Engelberg, dem bekannten Sommer- und Winterkurort im Tal der Engelberger Aa, das sich hier, ein Kuriosum der Grenzziehung, wie ein Keil gegen den Jochpass vorschiebt und so den Halbkanton Obwalden halbiert. Über die Bänklialp steigen wir an der waldreichen Nordflanke hinauf zur weiten Gerschnialp, machen einen ersten Kaffeehalt und steigen weiter, über ungezählte Windungen der Pfaffenwand zum Trübsee. Gemächlich geht es nun ebenen Wegs dem See entlang, dann wieder in steilem Zickzack hinauf zum Jochpass, hinauf auf zweitausendzweihundert Meter Höhe. Die Sicht ist überwältigend, Titlis, Klein Titlis, Reissend Nollen und Wendenstöcke türmen sich vor uns.

Die Jochhütte lädt zum Imbiss ein, aber die Transportbänder des modernen Tourismus haben massenweise Sesselreisende emporgeschleust... wir wandern weiter, hinab zum Engstlensee. Auch hier geniessen wir eine grossartige Rundsicht; sie reicht vom Titlis bis zu den Schneeriesen des Berner Oberlandes, vom Graustock bis Balmeregghorn.

Vor uns dehnt sich das wildromantische Gental. Es führt eine Autostrasse von Innertkirchen hinauf zum Engstlensee, eine Privatstrasse, gebührenpflichtig und zudem Sackgasse. Trotzdem ist der Autoverkehr an Wochenenden beträchtlich und für den Wanderer nicht eben angenehm. Immerhin: Vom Engstlensee bis Schwarzental ist der alte Saumpfad erhalten geblieben, und kurz vor Wagenkehr zweigt ein Wanderweg links ab und führt lärmfrei über die Alp Färrichstetten, über Grubi, Hundschöpfi, Bergschwendi, Wilerli hinab nach Meiringen.

Engelberg–Meiringen. Zu Fuss ist das eine Sache von etwa neun Stunden. Wer die Wanderung in zwei Tagen machen will, findet unterwegs Speis und Trank, ein Lager für die Nacht. Wer die Tour kürzen will, wandert bis zur Engstlenalp und fährt mit dem Postauto weiter. Wer die Strapazen des Aufstiegs scheut, kann sich mit moderner Technik hochhieven lassen: mit der Drahtseilbahn von Engelberg zur Gerschnialp, mit der Luftseilbahn von der Gerschnialp zum Trübsee, mit der Sesselbahn vom Trübsee zum Jochpass, und vom Jochpass gibt es sogar eine Sesselbahn hinunter zum Engstlensee, wo das Postauto wartet. Darüber hinaus führt eine Luftseilbahn vom Trübsee hinauf in den ewigen Schnee des Titlis. Für den Wanderer mag soviel Technik zum Ärgernis werden. Was die emsigen Bagger des Fremdenverkehrs an schönen Tagen hier in die Höhe schaufeln, das hat für mich epidemische Dimensionen, denn die Landschaft wird unterjocht. Die Nutzniesser des Tourismus werden mir meine Worte nicht danken, und die Sesseltouristen werden dahinter vielleicht schnöden Neid vermuten. Sie irren. Denn sicherlich betrügen sie sich um viel Lebensqualität... um Erlebensqualität.

Hilferenpass

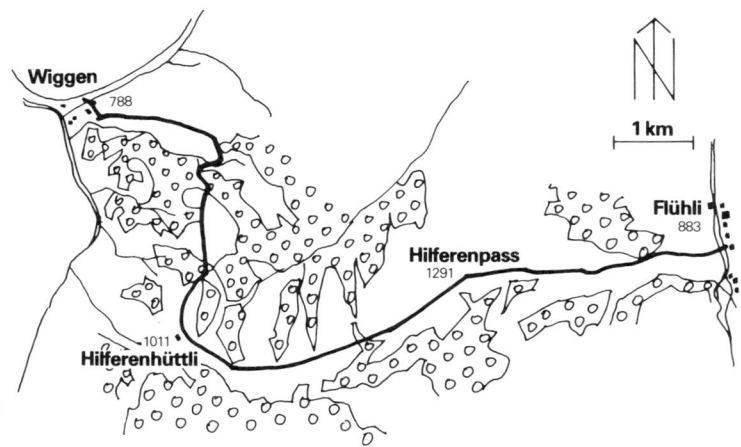

Route:	Flühli–Schwändi–Hilferenpass–Hilferen-Hüttli–Chüeboden–Wiggen
Wanderzeit:	Flühli–Hilferenpass ca. 1½ Stunden Hilferenpass–Wiggen ca. 2 Stunden
Karten:	Wanderkarte 1 : 50 000 Emmental–Napf–Entlebuch (Verlag Kümmerly & Frey)
Unterkunfts- und Verpflegungs- möglichkeiten unterwegs:	Flühli Hilferenhüttli (Alpenrösli) Wiggen
Anfahrt:	Mit Bahn bis Schüpfheim, dann Postauto bis Flühli
Rückfahrt:	Mit Bahn ab Wiggen (Linie Bern–Luzern)

Sie wissen nicht, wo der Hilferenpass liegt? Damit befinden Sie sich in bester Gesellschaft. Dieser Passübergang von Flühli im Tal der Waldemme nach Wiggen an der Bahnlinie Bern–Luzern gehört mit seiner Scheitelhöhe von 1291 m auch nicht zu den Grossen im Lande. Eine Wanderung allerdings lohnt sich trotzdem, nicht zuletzt deshalb, weil sie sich bequem in einem halben Tag bewältigen lässt. Dreieinhalb bis vier Stunden müssen einkalkuliert werden, beschwerliche Wegstücke gibt es – von einigen Sumpfmatten abgesehen – keine. Leichte Wanderschuhe genügen, auf Rucksack und Proviant kann verzichtet werden.

Im Postauto von Schüpfheim nach Flühli wird deutlich, warum frühere Generationen häufig den beschwerlichen Weg über Bergsättel wählten, statt dem direkten Lauf des Wassers hinunter zur Kleinen Emme im Haupttal des Entlebuchs zu folgen. Noch heute erweist sich die steile Lammschlucht als gewaltiges Naturhindernis; eine sichere, zu jeder Jahreszeit passierbare Strasse liess denn auch lange auf sich warten. Dass heftige Gewitter noch heute grossen Schaden anrichten können, lässt sich an den Hängen ob Flühli unschwer ablesen.

Flühli – grösste Gemeinde in der Landschaft Luzern – ist bekannt für zwei Dinge: für seine heilkräftige Schwefelquelle und für das von Sammlern hochgeschätzte Flühliglas. Das Glas ist übrigens verantwortlich dafür, dass Flühli den Regengüssen wenig entgegenzusetzen hat, denn die Glasbläser, die von 1723 bis 1870 im Tal werkten, brauchten für ihre Arbeit Unmengen von Brennholz. Ganze Wälder wurden kahlgeschlagen und der Erosion dadurch Tür und Tor geöffnet. Bis heute konnten die Auswirkungen dieses Raubbaus an der Natur nicht ganz behoben werden.

Nachdem wir die Waldemme auf einer schmalen Brücke überquert haben, beginnt nach den Gebäuden der ehemaligen Glasfabrik der Aufstieg. Der Weg ist stellenweise mit Steinen befestigt – Maultiere müssen sich darauf wohlgefühlt haben. Heute haben auch hier, wie fast überall, die «Aebi»,

«Schilter», oder wie die modernen Landwirtschaftsvehikel alle heissen, die geduldigen Tragtiere ersetzt. Die Berglandwirtschaft hat sich mechanisiert, mühsam aber ist die Arbeit geblieben.

Beim Aufstieg erweist sich die Karte als nützlich, gelegentlich liegen die Wegmarkierungen so weit auseinander, dass sich der Blick aufs bedruckte Papier lohnt. Mehrmals berühren wir die Alperschliessungsstrasse, die sich in weiten Kehren in die Höhe windet. Zur Zeit unserer Wanderung findet sogar ein Alpaufzug auf Entlebucherart statt. Die Sennen grüssen, und selbst das liebe Vieh scheint sich auf die Sommerferien zu freuen. Wie anders liesse sich erklären, dass uns eine Kuh unbedingt Gesellschaft leisten will und sich auch durch das Kläffen des Dürrbächlers nicht abhalten lässt?

Der Passübergang selber erweist sich als sanfte Mulde zwischen Beichlen und Schrattenflue. Die Matten blühen, Farbe, wohin das Auge blickt.

Auch nach der Passhöhe dominiert die finstere, abweisende Schrattenflue den Horizont. Ganz geheuer scheint die Gegend doch nicht zu sein – kein Wunder, dass sie die Phantasie der Bergler und Sennen seit jeher beschäftigt. Erdmännchen sollen in den Klüften wohnen, auch von einem fauchenden Drachen wird berichtet. Am bekanntesten aber ist die Sage von der Schrattenjungfrau, vom Schiberösi, wie sie nach ihrem Verbannungsort, der Scheibenhöhle auch genannt wird.

Die Sage existiert in mehreren Versionen. Die Schrattenjungfrau soll die Tochter eines ungerechten Hirten gewesen sein, der seinen blinden Bruder um eine Alp betrogen hatte und so zu grossem Reichtum gelangt war. Viele umwarben das schöne Mädchen, aber dieses wollte nur jenen Freier heiraten, der den steilen Scheibengütsch an seiner gefährlichsten Stelle erklettere. Keiner der Jünglinge, die den Versuch wagten, kam mit dem Leben davon. Als das Mädchen unverheiratet starb, wurde seine Seele zur Strafe in die Scheibenhöhle gebannt. Dort muss Schiberösi die Schätze hüten, die es zu Lebzeiten so eitel gemacht haben. Wer Glück – oder Unglück – hat, kann es am Eingang des kalten Grabes Geld zählen und auf seine Erlösung warten sehen. Wagemutige seien gewarnt: Keiner, der versucht hat, Jungfrau und Schatz zu gewinnen, wurde je wieder gesehen...

Beim Pass lohnt es sich, den oberen Weg in westlicher Richtung zu wählen. Er führt zwar durch eine steile Schlucht mit schmaler Brücke, ist aber landschaftlich lohnend. Kreuze und Gedenksteine am Weg erzählen von Gefahren, denen sich die Waldarbeiter früher aussetzen mussten.

Ganz umgehen lässt sich die Fahrstrasse allerdings nicht. Wir marschieren auf ihr bis zum Hilferenhüttli, dem Restaurant Alpenrösli. Nachdem der Durst gelöscht ist, gehen wir einige Meter zurück, um dem Wanderweg zur Rotenflue und zum Chüeboden zu folgen. Auf rund tausend Meter Höhe wandern wir der Bergflanke entlang, um dann steil nach Wiggen abzusteigen. Sicher keine spektakuläre Passwanderung, aber doch eine gute Gelegenheit, ein wenig bekanntes Gebiet kennenzulernen.

Brünigpass

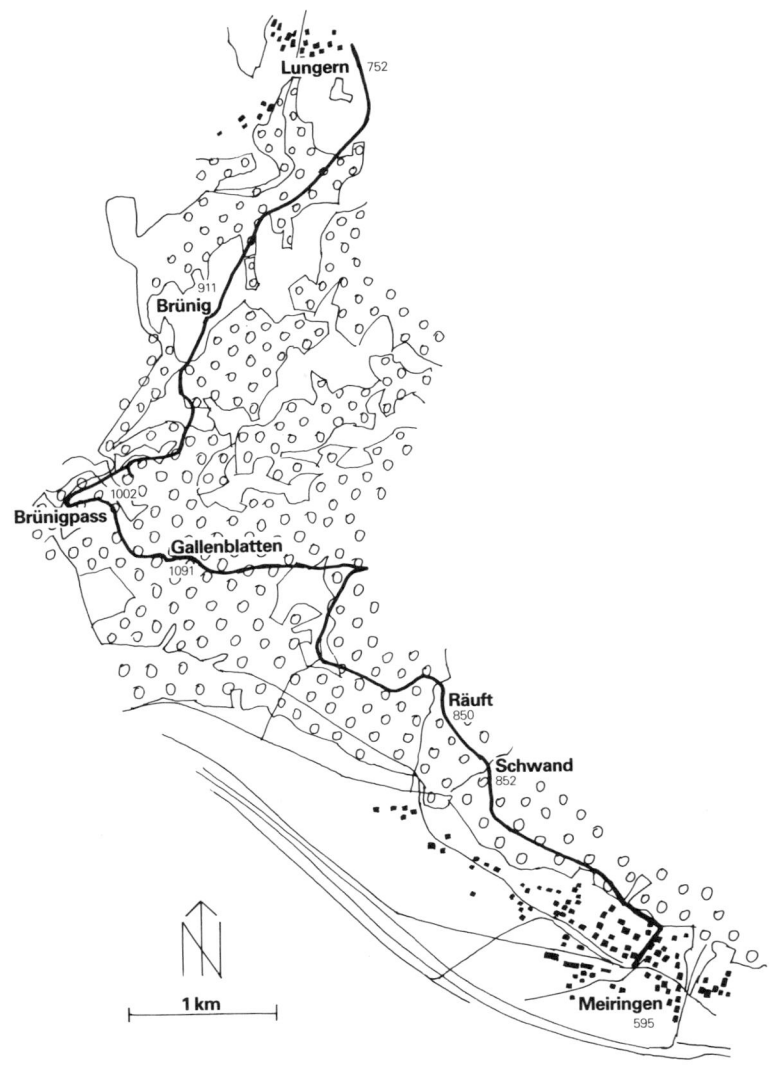

Route:	Lungern–Brünig–Brünigpass–Gallenblatten–Räuft–Schwand–Meiringen
Wanderzeit:	ca. 3½ Stunden
Karten:	Wanderkarte Oberhasli 1 : 50 000 (Herausgeber: Verkehrsverein Hasliberg, 6082 Hasliberg-Wasserwendi)
Verpflegungsmöglichkeiten unterwegs:	Lungern Brünig-Hasliberg-Station Meiringen
Anfahrt:	Mit Zug oder Auto nach Lungern
Rückfahrt:	Mit Zug

Mit seinen nur etwa tausend Metern Höhe ist der Brünig einer der niedrigsten Pässe der Schweiz. Der alte Saumpfad ist entsprechend unbeschwerlich... für den Wanderer von heute reizvoll und lohnend. Der erste Wanderer, der den Übergang zwischen dem Brienzer See und dem Lungernsee grimmig überschritten hat, war wohl der Aaregletscher, der in früheren Zeiten mit seinen Eismassen weit ins Tal der Sarner Aa überlappte. Dieser erste Passgänger hat gewaltiges Saumgut auf seinem Weg zurückgelassen: Erratische Blöcke, Findlinge aus Granodiorit von der fernen Grimsel etwa, Biotitgneis aus Guttannen, mächtige Brocken aus kristallinem Gestein, Fremdlinge im hellen Kalkfels des Haslibergs, stumme Zeugen der Eiszeit.

Dem Gletscher sind Menschen gefolgt, zuerst wohl Hirten und Jäger, dann Legionäre, Missionare, Kaufleute, Räuber, Pilger, Söldner, Gelehrte, Taugenichtse, Künstler, Wanderer. Und Säumer waren sie alle, sind sie alle, schleppen eigene oder fremde Last, eigene und fremde Sorgen über den Berg.

Mit der Zeit ersetzten Strasse und Eisenbahn den Saumpfad. Der letzte, der den Weg als Säumer begangen hat, ist wohl Dom Antos Conde Fontalva, der portugiesische Gesandte, der noch 1899, also zehn Jahre nach der Eröffnung der Brünigbahn, mit einem Break über den Pass zog. Gezogen wurde der leichte offene Reisewagen von einem Vierergespann portugiesischer Maulesel. So reiste Dom Antos von Portugal über die Pyrenäen, durch Frankreich, über den Kleinen und den Grossen Sankt Bernhard, über den Brünig nach Luzern und von da nach Wien. Ob der Gesandte dies aus sportlichem Ehrgeiz oder nur zum Vergnügen tat, ist nicht überliefert. Aber der Beweis ist erbracht, dass Maulesel in diplomatischen Diensten durchaus ihren Mann stellen.

Wir wollen versuchen, den Spuren des alten Saumweges zu folgen. Unsere Wanderung beginnt in Lungern, am Ende des Lungernsees, am Bahnhof der Brünigbahn. Eine Weile folgen wir der Zahnradstrecke bis hinauf zur Burgkapelle. Eine wunderbare Sicht zurück und hinunter zum Lungernsee lohnt unsere Mühe. Dann wandern wir weiter über Alp Brünig und Sewli hinauf zur Passhöhe; bis dahin sind wir dem alten Saumpfad treu geblieben. Jetzt aber erlauben wir uns Abweichungen... Ideentreue hin oder her. Wir ziehen nun einmal den herrlich angelegten Panoramaweg und den Wanderweg hinunter nach Meiringen dem Asphalt, dem Lärm und Gestank des modernen Verkehrs vor. Bis Gallenblatten geht es durch den Wald, dann über saftige Wiesen Richtung Hohfluh. Ein herrlicher Ausblick tut sich hier dem Wanderer auf; bei schönem Wetter ist die Rundsicht überwältigend: von der Grimsel über Blattenstock, die Gelmerhörner, Nägelisgrätli und Ritzlihorn, Wetterhorn, Rosenhorn, Wandelhorn, Wildgerst und Oltschiburg bis hin zum Brienzer Grat.

Unterhalb Hohfluh biegen wir rechts ab, steigen durch den Wald hinunter nach Schwand, unserem Ziel Meiringen entgegen.

Es ist eine leichte Wanderung, ideal für Familien mit kleineren Kindern und für Leute, die Wanderfreuden geniessen wollen, ohne sich allzu grosse Strapazen zuzumuten. Und wer die dreieinhalb Stunden Wandern als zuviel empfindet, der kann auf der Passhöhe in die Bahn einsteigen – sie folgt vom Brünig bis Meiringen ziemlich getreulich dem alten Saumpfad.

Das alte Wach- und Zollhaus auf dem Brünig

Faulhorn

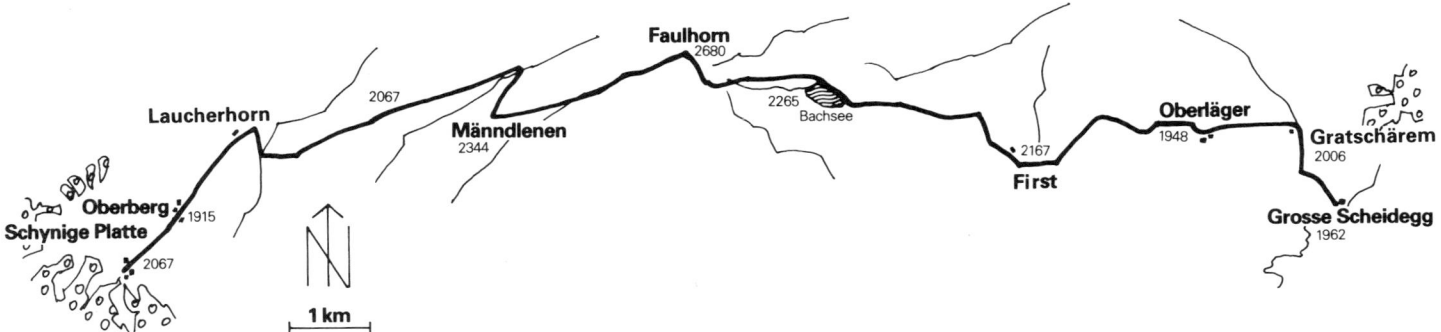

Route:	Schynige Platte–Oberberg–Egg–Gotthard–Männdlenen (Weber-Hütte)–Faulhorn–Burgihitta–Bachsee–Chämmlisegg–First–Oberläger–Gratschärem–Grosse Scheidegg
Wanderzeit:	Schynige Platte–Faulhorn ca. 4 Stunden Faulhorn–Grosse Scheidegg ca. 3 Stunden
Karten:	Landeskarte Berner Oberland 1:50 000, Blatt 5004, oder Landeskarte Grindelwald und Lauterbrunnen 1:25 000, Blatt 1229 und Blatt 1228
Unterkunfts- und Verpflegungsmöglichkeiten unterwegs:	Weber-Hütte «am Faulhornweg» Männdlenen Berghotel Faulhorn
Anfahrt:	Nach Schynige Platte mit Bergbahn ab Interlaken oder Wilderswil
Rückfahrt:	Ab Grosse Scheidegg mit Postauto bis Grindelwald. Ab Grindelwald mit Zug bis Wilderswil oder Interlaken

Der Leser mag sich wundern: Was hat denn das Faulhorn in der Reihe berühmter Saumpfade zu suchen? Saumpfade führen über Pässe, sind Teilstrecken von Wegen, die als Verkehrsadern alter Zeiten ganz Europa durchzogen. Das Faulhorn ist nichts von alldem, ist nicht einmal eine Alp. Was soll da die Säumerei?

Die Saumpfade alter Zeiten waren vor mehr als zweitausend Jahren schon begangen; die Säumerei zum Faulhorn ist keine zweihundert Jahre alt. Die Saumpfade alter Zeiten dienten handfesten Zwekken und Zielen, Krieg und Frieden, Missionsdrang und Geschäften, Handel und Wandel. Niemand nahm die Strapazen einer Passfahrt ohne triftigen Grund auf sich. Niemand begab sich in Eis und Schnee, in Kälte und Hitze, Regen, Wind und Nebel, niemand betrat das Niemandsland der Lawinen, des Steinschlags, der Wildwasser und der Passräuber ohne harte Notwendigkeit.

Reisen zur Freude... O nein. Und schon gar nicht über Pässe, hinauf in die Berge. Es ist erstaunlich, wie spät der Mensch die Schönheit der Alpen entdeckte, wie spät er sehen lernte, Sinn entwickelte für das Schauspiel einer zauberhaften Bergwelt. Und deshalb ist die Säumerei zum Faulhorn so jung. Der Saumpfad zum Gipfel ist ein Entdeckerpfad zu den endlich gefundenen Schönheiten der Bergwelt; kein Weg der Geschäfte, kein Weg schierer Lebensnotwendigkeit, sondern Pfad der Schaufreude.

Erst zu Beginn des 19. Jahrhunderts machte man sich auf in die Voralpenkette zwischen dem Brienzer See und dem Lütschental, hinauf zum Faulhorn mit der grossartigen Sicht auf die Gipfel und Gletscher der Berner Hochalpen. Man kam zu Fuss, im Tragstuhl oder hoch zu Pferd, und man nächtigte im neuerbauten, zu dieser Zeit Europas höchstgelegenen Berghotel Faulhorn. Hotel und Berg kamen zu Weltruhm. Man hatte das Schauen, das Staunen gelernt.

Man: Das war eine schaufreudige und reiselustige, aber auch elitäre Schicht vermögender Leute. Der Grindelwaldner Wirt setzte alles daran, der illustren Gästeschar aus aller Welt den gewohnten Standard zu bieten: weisse Tischtücher an der «table d'hôte», erlesenes Gedeck, frische Blumen aus Grindelwald, Speisekarte und Weinliste für verwöhnte Gaumen.

So weit, so gut. Aber all die Herrlichkeiten mussten von Grindelwald zum Faulhorn gebracht werden...
Ein reger Saumverkehr setzte ein. Säumer, Maulesel und Pferde sorgten dafür, dass der Gast auch auf zweitausendsiebenhundert Meter Höhe den gewohnten Lebensstil pflegen konnte.

Ein Bild des guten Hotelbetriebs auf dem Faulhorn geben die Eintragungen in den Fremdenbüchern. Was da an Lobeshymnen auf Aussicht, Verpflegung, Wirt und Wirtin, Sonnenauf- und -untergang zusammengeschrieben wurde! Kein einziges unzufriedenes Wort, es sei denn ein Stossseufzer eines ermüdeten Touristen oder eine bedauernde Äusserung über Schlechtwetterfahrten.

«Grossartiger Sonnen-Untergang! Märchenhaft schön!» – «Es ist halt chaiben schön!» Es folgen in bunter Reihenfolge: «Liebevolle Aufnahme!» – «Herrlicher Kaffee!» – «Die Wirtin ist keine Wirtin, sondern ein Müetti!» – «Splendid view!» «Aufnahme riesig freundlich, urgemütlich!»

Viele äussern ihre Empfindungen in bessern und schlechtern Versen. Pfarrer G. Strasser schrieb beim Faulhornbesuch der zwanzigjährigen Königin Wilhelmine von Holland ins Fremdenbuch:

Hier sitzen zu oberst im Schweizerland
Fünf fröhliche Berggesellen.
Zwei sind vom holländischen Dünensand
Und drei aus der Burg des Tellen;
Drei haben keine Königin,
Zwei ehren die ihre mit treuem Sinn!

Doch auch die Söhne der Freiheit hier
Die Gläser mit Freuden erheben
Auf Wilhelmina, auf Hollands Zier
Und rufen: Wilhelma soll leben!
Zu oberst am Rhein und zu unterst am Rhein
Wir wollen auf ewig verbunden sein!

Heute ist das «Faulhorn» ein volkstümliches Berggasthaus mit währschafter Küche. Aber noch weht in den alten Räumen so etwas wie Noblesse, noch riecht es in den alten Zimmern nostalgisch nach Frühzeittourismus und Fin de siècle.

Der Weg zum Faulhorn, von der Schynigen Platte oder von der Grossen Scheidegg, ist leicht, unbeschwerlich und daher viel begangen. An schönen Tagen oder in Vollmondnächten wird die Route zum Ameisenpfad... Nichts für Berggänger, die Stille und Einsamkeit suchen. Aber es gibt ein einfaches Rezept gegen die Massenwanderung: Man muss gegen den Strom schwimmen – oder vielmehr – wandern.

Wir beginnen unsere Wanderung auf der Schynigen Platte, an einem späten Nachmittag im Herbst. Zu so später Stunde wandert kaum noch jemand in unserer Richtung, und in der Gegenrichtung strömen die letzten Wanderer der letzten Bahn, der letzten Talfahrt entgegen; bald sind wir allein.

Wir wandern über Oberberg, Lauchern, dem Lauchernhorn-Fuss entlang und hinein ins Sägistal, dann hinauf nach Männdlenen, kehren in der Weber-Hütte zum Apéro ein und kommen gerade noch rechtzeitig zum Nachtessen ins «Faulhorn» auf dem Faulhorn. Hier übernachten wir, stehen mit der Sonne auf und schliessen uns dem Säumer an...

Sie haben richtig gelesen. Noch gibt es einen Saumverkehr zum Faulhorn. Noch gibt es Ueli, den Säumer, der mit seinem Packpferd ein- bis zweimal täglich den Weg Faulhorn–First–Faulhorn zurücklegt und all das zum Hotel schleppt, was es zum Wohl der Gäste braucht. Ueli der Säumer, ein Hüne von Gestalt, betreibt die Säumerei zum Faulhorn seit etlichen Jahren schon, und er denkt langsam ans Aufhören. Ob sich ein Nachfolger finden wird, ist ungewiss. Bald schon vielleicht wird der Packesel unserer Zeit, der Helikopter, die Saumdienste zum Faulhorn verrichten. Oder schlimmer: Bald schon wird es vielleicht eine Autostrasse zum Faulhorn geben.

Aber noch führt Ueli sein Pferd umsichtig und behutsam über Geröll und Platten, dem See entlang und über die Matten hinunter zur First. Wir spüren die Partnerschaft, die Pferd und Mensch seit Jahrtausenden verbunden hat, erleben sie hier als zeitlose Erscheinung in einer zeitlosen Landschaft.

In einer erhabenen Landschaft. Denn was sich da vor uns auftut, von der Schynigen Platte bis zur Grossen Scheidegg, ist einmalig. Einmalig die Sicht ins Tal der Schwarzen Lütschine, hinein in die Zauberwelt der Gletscher und Schneeriesen des Berner Oberlandes, einmalig die schier greifbar nahe und doch entrückte, in die Ewigkeit ragende Dreigestalt von Eiger, Mönch und Jungfrau. Es ist, als hätte uns ein allmächtiger Weltregisseur die besten Balkonplätze in diesem Naturtheater beschert. Jede Wegbiegung bringt neue Ausblicke, neue Akte in diesem Schauspiel, und auf dem Faulhorn steigert sich das Spiel zum grossen Finale: Sonnenuntergang.

Am andern Morgen aber beginnt das Spiel von neuem, eröffnet sich die Naturschau mit dem Aufgang der Sonne, spielen tausend Farben in tausend Formen, steigert sich das Erlebnis zu einer neuen, doppelten Schau: In den dunklen Wassern des Bachsees spiegeln sich die funkelnden Gipfel der Viertausender vor einem sattblauen Himmel.

Worte wirken unbeholfen, wenn sie so viel Schönheit beschreiben wollen. Und so bleibt uns nichts als stilles Staunen. Staunen in dieser unserer Zeit, die das Staunen fast verlernt hat.

Auch Ueli der Säumer ist schweigsam, wie das eben seine Art ist. Auf der First nehmen wir Abschied voneinander. Unser Weg führt zur Grossen Scheidegg; er aber kehrt zurück zum Faulhorn. Ueli – vielleicht der letzte Säumer auf diesem Pfad.

Herberge Faulhorn: höchstes bewohntes Haus Europas

Über die Gemmi

Die Gemmi ist ein sehr alter Passweg und soll schon in der Bronzezeit begangen worden sein. Der Name erscheint in der Form «Curmilz» zum erstenmal in einer Urkunde von 1252, die das zwischen der Stadt Bern und dem Bischof von Sitten geschlossene Bündnis betrifft und unter anderem bestimmt, dass alle ausgebrochene *discordia* (Meinungsverschiedenheit) *in plano de Curmilz* (Gemmi) *sive in Senenz* (Sanetsch) geschlichtet werden solle. Daraus folgt, dass damals schon die Grenze des Wallis nach Norden bis zur heutigen Spitalmatte übergegriffen hat. Vermutlich war auch schon zu jener Zeit die Spitalmatte mit Leuk und dem Rhonetal durch einen Weg verbunden. In einer eine Grenzstreitigkeit zwischen den Gemeinden Leuk und Frutigen betreffenden Urkunde von 1318 ist die Rede von einem auf Boden von Leuk stehenden *hospitale* (Hospiz) *in monte de Chimyz*. Als «Gemmi» erscheint der Pass schon auf der von dem Zürcher Konrad Türst 1495 bis 1497 hergestellten Schweizer Karte mit dem Vermerk: *gat ganz hin uf bis uf die höche der Gemmi*. Die Karte von Aegidius Tschudi (1538) nennt ihn *die Gämmi*. In seiner *Cosmographia universalis* sagt Sebastian Münster 1598: *Es hat auch ein starcken Passz von Leuck neben dem Leucker Bad auff Bern, uber den Berg Gemmi genannt, von dem ich hie unden sagen will, dann ich bin jhn auffgestigen.* Und später bei Anlass der Schilderung seines Überganges über den Pass von Leukerbad aus:

... Gegen Mitnacht kehren sich die Felsen herumb, haben viel schrunden und enge Klüfften, durch welche ein Weg gefunden ist, in dem man mit grosser müh hinauff kommen mag, und heisst der Felss am selbigen ort der Gemmi. Dieser Weg geht nicht stracks hinauff, dann es were unmüglich solcher weiss zuersteigen, sondern krümpt sich hin und wider zur Lincken und zur Rechten mit kleinen unnd gantz schmalen Gängen; so einer neben dem Weg hinab siehet, kompt jhm ein grawsame tieffe entgegen, die kaum ohn schwindel des Haupts mag angeblickt werden. Ich weiss wol da ich auss dem Bad auff den Berg stig, den zu besichtigen, zitterten mir mein Hertz und Bein.

Route:	Kandersteg–Stock–Spittelmatte–Schwarenbach–Gemmipass–Leukerbad
Wanderzeit:	Kandersteg–Stock ca. 2½ Stunden Stock–Gemmipass ca. 2½ Stunden Gemmipass–Leukerbad ca. 1½ Stunden
Karten:	Landeskarten 1 : 25 000 Blatt 1247, Adelboden Blatt 1267, Gemmi
Unterkunfts- und Verpflegungsmöglichkeiten unterwegs:	Kandersteg Stock Sunnbühl Schwarenbach Gemmi Leukerbad
Anfahrt:	Mit Bahn bis Kandersteg Autobus Leukerbad–Leuk SBB, von dort SBB Richtung Brig oder Lausanne

Johannes Stumpf beschreibt in seiner *Gemeiner loblicher Eydgenoßschafft Chronik* (Zürich 1548) die Gemmi wie folgt: *Es ist ein vast hoher und grausamer berg, doch zimlich wandelbar, also dass man mit Rossen darüber wol faren mag.* Ganz im Sinne seiner Zeit leitet der Zürcher Josias Simler in seiner *Vallesiæ Descriptio* (1574) den Namen der Gemmi *a gemitu,* d. h. von dem Gestöhne und den Seufzern derjenigen her, die diesen hohen und mit beständigen Gefahren drohenden Pass übersteigen müssen. So beschwerlich, schrecklich und gefährlich ist heute eine Wanderung über die Gemmi natürlich nicht mehr. Aber immer noch setzen die Götter vor den Preis den Schweiss.

Eineinhalb Stunden sind vergangen seit dem Abmarsch vom Bahnhof Kandersteg, und bereits ist die Feldflasche leer. In steilen Serpentinen windet sich der Weg in die Höhe. Keine Menschenseele weit und breit. Dieser Teil der Gemmistrasse wird nur selten benützt, denn parallel dazu führt die Seilbahn Kandersteg–Stock über die 600 Meter hohe Steilstufe. Naturfreunde allerdings kommen gerade auf diesem Nordhang auf ihre Rechnung: Seltene Bergblumen, darunter mehrere Orchideenarten, blühen hier im Versteckten.

Zweieinhalb Stunden nach dem Aufbruch in Kandersteg liegt das Schlimmste hinter mir. Das Restaurant bei der Bergstation Stock lädt zur Einkehr ein. Hier ist auch die Talstation des Sesselliftes auf den Sunnbühl – wieder mit Restaurant und Sonnenterrasse. Eines ist sicher: Auf einer Gemmi-Passwanderung braucht niemand zu verhungern oder zu verdursten. Proviant im Rucksack erübrigt sich deshalb, zwischen Stock und Gemmi-Passhöhe kann sogar auf Bergschuhe verzichtet werden, leichte Wanderschuhe genügen.

Beim Weiterwandern brauche ich mich über Einsamkeit nicht mehr zu beklagen. Nicht nur, dass der Gemmiweg auf der Hochfläche zwischen Stock und dem Pass ausgezeichnet markiert ist, auch die Wegqualität lässt nichts zu wünschen übrig. Hunderte – bei Spezialanlässen wie dem Schäferfest auf der Gemmi gar Tausende – benützen an schönen Sommerwochenenden die «alpine Heerstrasse».

Während Jahrhunderten war der Gemmipass der bestfrequentierte Übergang zwischen dem Berner Oberland und dem Wallis. Ob die Römer den Übergang kannten, um die heissen Quellen von Leukerbad zu besuchen, verliert sich im Dunkel der Vergangenheit. Urkundlich erstmals erwähnt wurde der Pass am Anfang des 13. Jahrhunderts. Neben dem Waren- scheint damals auch schon ein regelmässiger Postverkehr existiert zu haben. Häufig wurden in den folgenden Jahrhunderten Gemmi- und Lötschenpass zusammen genannt – der Lötschenpass wurde eher im Winter, die Gemmi im Sommer begangen.

Waren wurden auf Maultierrücken, Personen in Sänften und später auf den zweirädrigen Gemmiwägelchen über den Pass transportiert. Albrecht von Haller, Guy de Maupassant, Sir Arthur Conan Doyle, Mark Twain, Lenin und Picasso sind nur einige Namen aus der illustren Liste der Passreisenden.

Wie man sich die Gemmi im Mittelalter vorstellen muss, beschreibt der Berner Passforscher und Geographieprofessor Dr. Klaus Aerni: «Es dürfte sich zuerst um reine Naturwege gehandelt haben, um Spuren, die später gelegentlich durch Entfernen von Steinen und durch Einbau von Stufen zu einem gebahnten Weg verbessert wurden. 1252 wurden die Alpweiden auf der Gemmi erstmals erwähnt, 1318 nennt ein Schiedsspruch ein Hospiz, das sich wohl auf der heute noch so benannten Spittelmatte befand. Der Weg ins Wallis führte damals nicht wie heute über die Daube, sondern westlich des Daubensees zur sogenannten alten Gemmi, wo heute noch Wegspuren zu erkennen sind.»

Um 1700 bauten die Berner den Lötschenpass teilweise aus, die Walliser nahmen die Strasse aber nicht ab, vermutlich weil sie kriegerische Einfälle befürchteten. Dafür hielten die Berner Gegenrecht, als die Walliser vierzig Jahre später den Gemmiweg von der Passhöhe her verbreiterten. Auch hier wurde vorerst auf den Anschluss verzichtet. Trotzdem nahm der Passverkehr von Jahr zu Jahr zu, die heilenden Quellen von Leukerbad wirkten als gewaltiger Magnet.

Soviel zu den historischen Reminiszenzen. Heute erinnert nur noch der Grenzstein Bern – Wallis am Ende der Spittelmatte an einstige Rivalitäten. Kurz davor lohnt sich ein kleiner Abstecher zu den drei Arvenseelein, wo sich ideale Picknickplätze finden lassen. Nächste «Verpflegungsstation» ist das Hotel Schwarenbach, das vor allem von Bergsteigern als günstige Ausgangsbasis für Klettertouren geschätzt wird. Früher befand sich hier die Zollstation. Das 1810 erstmals aufgeführte Drama «Der vierundzwanzigste Februar» von Ludwig Zacharias Werner, das – fiktiv – mehrere Morde im Gasthaus zum Thema hat, brachte dem Schwarenbach völlig zu Unrecht den Ruf einer finstern Räuberhöhle ein. Das alles scheint die Passgänger heute aber nicht zu beeindrucken. Gemütlich sitzen sie vor dem Hotel in der Sonne und geniessen ihren Fendant.

Nach der Rast aber weiter: noch eine Geländeschwelle, und schon blinkt dem Wanderer der Daubensee entgegen, Schauplatz des grossen Schäferfestes, das jeweils am zweiten Sonntag im August stattfindet.

Bis zur eigentlichen Passhöhe ist es jetzt nicht mehr weit. Hier, wo die Seilbahn Leukerbad–Gemmi endet, beginnt ein Weg, der in unzähligen Reiseberichten als «gar schrecklich und kühn» geschildert worden ist. In steilen, kurzen Serpentinen führt er über die fast 600 Meter hohe Gemmiwand in die Tiefe. Ich kann mir lebhaft vorstellen, was die Passagiere bewegt haben muss, die sich in einer Sänfte – rückwärts sitzend – oder auf einem Gemmiwägelchen in die Tiefe transportieren liessen. Heute ist der Weg sicher. Blickt man vom Fuss der Wand zurück, lässt er sich allerdings nicht ausmachen.

Leukerbad platzt aus allen Nähten. Über Geschmack liesse sich streiten – doch lassen wir das. Etwas mehr als sechs Stunden sind vergangen seit dem Abmarsch in Kandersteg. Ich bin rechtschaffen müde. Der Plan, bis Leuk weiterzuwandern, wird auf den nächsten Tag verschoben. Drei bis vier Stunden – je nach Route – müssen dafür gerechnet werden. Im herrlichen öffentlichen Thermalbad wärme ich meine müden Glieder. Das Wasser hat Körpertemperatur, man fühlt sich schwere- und sorgenlos.

Am nächsten Morgen regnet es. Der Bus bringt mich nach Leuk-Stadt und Susten im Rhonetal.

Was früher ein höchst gefährliches und mühseliges Unterfangen war, ist heute ein Sonntagsvergnügen. Angenehmer als über die Gemmi – den uralten Passweg – lassen sich die Alpen zwischen Bern und dem Wallis wohl kaum überqueren.

Der «schröckliche» Weg über die Gemmi

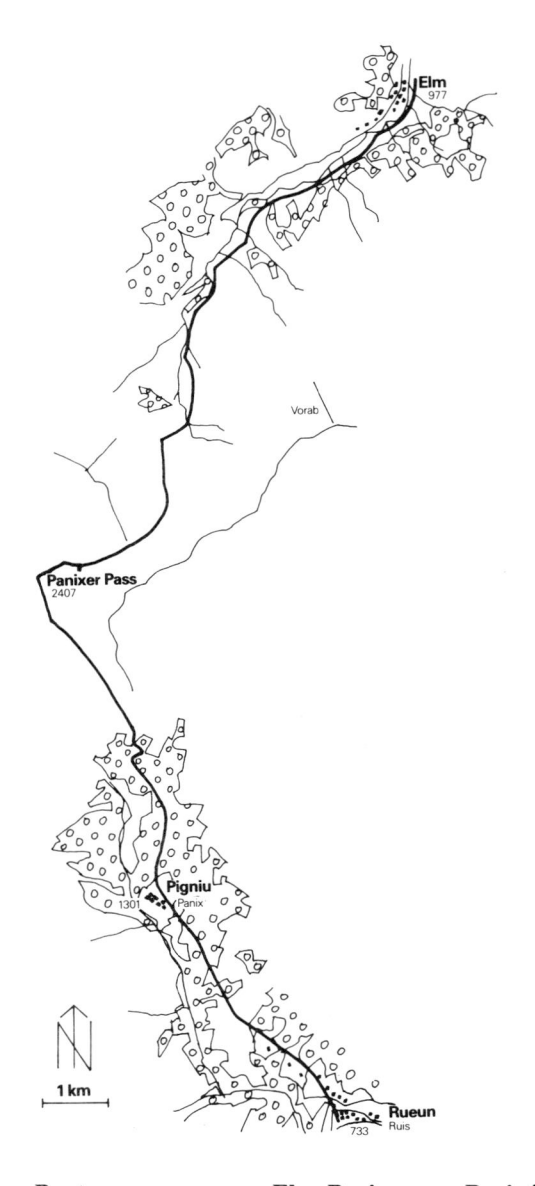

Panixerpass

Die alte Verbindung zwischen dem Sernftal und dem Bündner Oberland wurde durch den Bau der Strassen völlig bedeutungslos. Früher führten über den Panixerpass, oder Wepfen, wie er auf rätoromanisch heisst, «eine selbst für Pferde gangbare Strasse von Elm nach Bündten», wie sie der deutsche Reiseschriftsteller J. G. Ebel 1793 beschrieb. Der Weg über den Panixerpass ist heute eine ideale Wanderroute, landschaftlich besonders reizvoll durch die moordurchsetzten, ausgedehnten Karrenfelder nördlich des Passes und das tiefeingeschnittene, wilde Vallada de Pigniu im Süden.

Schon drei Tage sitzen wir in Elm. Es ist September, und eigentlich sollte jetzt strahlend schönes Herbstwetter herrschen. Aber der einzige Herrscher in diesen Tagen ist der «älteste Glarner», der Föhn. Unter Brausen und Heulen ballt er dichte Wolkendecken um Tödi und Piz Segnas. Es regnet und regnet, nur manchmal erhaschen wir einen Blick auf das Martinsloch, bevor es wieder hinter den Wolken verschwindet.

Endlich, am vierten Morgen, steht der Hausstock in föhnblauem Himmel vor uns. Schnell sind die Rucksäcke gepackt. Aber so einfach scheint uns dieser Ausflug nicht gemacht zu werden. An der Walenbrücke werden wir vom Militär aufgehalten, das hier Schiessübungen macht. Ohne Gehörschutz will man uns die 10 Meter bis zu den schützenden Felsen nicht passieren lassen. Nach langem Hin und Her, und unter dem Versprechen, die Ohren zuzuhalten, dürfen wir endlich gehen. In den Felsen hängen noch dichte Nebel, aber manchmal schimmert etwas blauer Himmel durch. Rinder, die den Winter kommen spüren und ins Tal hinunter wollen, versperren uns den Weg. Eine junge Hirtin versucht, sie unter Rufen und Stockschwingen wieder gegen die Alp Oberstafel zurückzutreiben.

Wir gewinnen schnell an Höhe und sind bald über dem Nebel. Der Blick weitet sich talauswärts und zum Kärpf hinüber. Erinnerungen an eine Kärpftour im frühen Morgendunst werden wach, mit einem endlos scheinenden Abstieg durch dichten

Route:	Elm–Panixerpass–Panix/Pignu–Rueun/Ruis
Wanderzeit:	Elm–Panixerpass ca. 3 Stunden Panixerpass–Panix ca. 3½ Stunden Panix–Rueun (Station RhB) ca. 1 Stunde
Karten:	Wanderkarte vom Glarnerland 1 : 50 000 Blatt 38, Panixerpass 1 : 100 000
Unterkunfts- und Verpflegungsmöglichkeiten unterwegs:	Elm Ustria, Panix/Pigniu Rueun
Anfahrt:	Mit SBB bis Schwanden, mit Bus bis Elm, nach Bedarf (telefonische Reservation) bis Steinibach
Rückfahrt:	Ab Panix/Pigniu mit Postauto nach Rueun/Ruis, von dort mit Rhätischer Bahn nach Chur oder Disentis

Nebel nach Elm. Dieser Ort scheint für uns mit Nebel verbunden zu sein! Aber diesmal haben wir wohl doch mehr Glück, die Wolken haben sich gegen das Bündnerland zurückgezogen. Auf dem guten, teilweise befestigten Weg kommen wir leicht voran.

Der Panixerpass war früher eine rege benutzte Verbindung zwischen dem Sernftal und der Surselva. Über diesen Pass trieben die Glarner ihre Viehherden ins Vorderrheintal und weiter über den Lukmanier auf die Märkte von Lugano. Die Beziehungen zwischen den romanischen Bündnern und den deutschsprachigen Glarnern waren recht eng. 1523 zogen 300 Glarner zum Kirchweihfest der Margarethenkirche nach Ilanz. Zwei Jahre später erwiderten 200 junge Bündner diesen Besuch zur Kirchweih in Glarus.

Mehrfach planten Glarner und Bündner gemeinsam eine fahrbare Strasse. Das Projekt des Tessiners Crivelli scheiterte 1542 nur daran, dass er den Glarnern den verlangten Vorschuss von 1000 Gulden nicht bezahlen konnte. Der Plan des Tessiners sah eine Strasse mit vier Warensusten in Ziegelbrücke, Glarus, Engi und Elm vor und ausserdem ein «Hus auf dem Berg». Später einigten sich die Glarner mit den Herren von Disentis und Waltensburg, den bestehenden Weg «mit Yssen und Stall» auszuhauen. Vor allem der Weg von der Passhöhe entlang dem Westhang des Rotstocks bis zur Alp Ranasca musste mit Eisen- und Stahlwerkzeugen aus den Felsen geschlagen werden. Im Volksmund hiess später der Panixerweg der «gehauene Weg».

Grosse Opposition erwuchs den Strassenprojekten der Glarner und Bündner aus jenen Gebieten, die von den bereits bestehenden Handelsstrassen profitierten. Man fürchtete, dass die Lukmanierroute einen Teil des Verkehrs über Splügen, San Bernardino und Septimer abziehen würde. Der Panixerweg wurde ständig unterhalten. Die Glarner markierten ihn mit Stangen und drangen darauf, dass die Bündner nach Abklingen der Pestepidemie 1566 ebenfalls ihre Unterhaltsverpflichtungen wieder erfüllten. Von den welschen Händlern, die den Panixer benutzten, wurde ein bescheidener Wegzoll erhoben, der in die Glarner Kassen floss.

In alten Chroniken finden sich mehrfach Hinweise auf die Bedeutung des Überganges zwischen Elm und Panix. Tschudy (1722–1784) beschreibt ihn als «stark gebrauchten Pass», der «obwohl mühsam, nach dem Grauen Bund, Panix, Ilanz und so weiter führt. Durch denselben werden Pferd und Vieh ordentlich auf den Markt zu Lauis (Lugano) getrieben». Christoph Trümpy bezeichnet in seiner 1774 gedruckten Glarner Chronik den Panixer als den «Pass für das Vieh nach Lugano». Er bekräftigt dies mit eindrücklichen Zahlen: So seien alljährlich 1000 bis 2000 Stück Vieh und 100 bis 300 Pferde von Glarus nach Lugano getrieben worden.

Wie wichtig den Glarnern und den Bündner Oberländern die Route Panix–Disentis–Lukmanier gewesen sein muss, belegt auch, dass Anfang des 19. Jahrhunderts zwei wohlhabende Bauern einen Viehweg durch die Schlucht zwischen Disentis und Curaglia bahnten, um so den für die Herden sehr beschwerlichen Umweg über Mompé-Medel zu vermeiden. Aber die Naturgewalten waren stärker, der Unterhalt des Weges verschlang Unsummen, «und die beiden Unternehmer kamen zu bedeutendem Schaden», heisst es in einem alten Bericht.

Nicht nur Viehhändler, auch bewaffnete Söldner benutzten den Pass. Berühmt wurde der Heerzug der Russen unter General Suworow. Um den Franzosen auszuweichen, befahl er seiner durch lange Märsche ermüdeten Armee, am 6. Oktober 1799 den Panixerpass zu überschreiten, um in Ilanz die verbündeten Österreicher zu treffen. Nach der Übernachtung im (kürzlich renovierten) Suworow-Haus in Elm passierte der General mit der Vorhut den Pass, während die nachfolgende Truppe in einen Schneesturm geriet und in der unwirtlichen Einöde unterhalb des Hausstocks biwakieren musste. Auf den schmalen, ausgehauenen Felswegen oberhalb der Alp Ranasca verlor die russische Armee mehr als 200 Leute. Auch die meisten Lasttiere stürzten die 600 m hohen Felswände hinab, die Kanonen versanken im Schnee und mussten aufgegeben werden. Als Suworow am 10. Oktober in Ilanz eintraf, befehligte er nur noch eine klägliche Restarmee.

An diese Ereignisse erinnert eine Gedenktafel an der Schutzhütte auf dem 2407 m hohen Panixerpass. Sie wurde zum Schutze für Wanderer erstellt, die von einem für diese Gegend typischen Wetterumsturz überrascht werden. Das Panixer Totenbuch ist eine eindrückliche Chronik über Erfrorene und Verunglückte, die auf dem Panixer Friedhof beerdigt wurden. Allein im Juli und August 1789 starben der Tavetscher Johann Jakob Beer, die «vagabundierende Schwäbin» Maria Anna Floria Schnur und ein dreizehnjähriges Zürcher Kind auf dem Passweg. Die spartanisch eingerichtete Schutzhütte auf dem Pass wird heute meist von Alpinisten benutzt, die im Sommer von hier aus zu den umliegenden Bergen aufsteigen.

Die Gipfel von Muttenstock, Ruchi, Hausstock und Rotstock bilden hier einen eindrücklichen Felszirkus, der die Hochebene auf dem Pass mit ihren vielen Seen, Bächen und Moorflächen einrahmt.

Der Weg nach Süden zickzackt steil über brüchige Schieferhänge hinunter zum Plaun de Cavals. Es beginnt zu regnen, was uns aber die gute Laune nicht verderben kann. Wir bedauern nur, dass wir keinen Ausblick ins Vorderrheintal haben. Weit unter uns entdecken wir die Häuser von Panix, aber die Zeitangabe von dreieinhalb Stunden scheint uns stark übertrieben. Bald regnet es in Strömen; mit steigender Feuchtigkeit in den Schuhen sinkt unsere gute Laune. Die grossartige Landschaft mit den tiefen Schluchten am Tschenghel da Tschuts können wir kaum geniessen, da wir uns stark konzentrieren müssen, um auf dem nassen Weg nicht auszurutschen.

Als wir tatsächlich nach dreieinhalb Stunden in Panix ankommen, ist unsere Moral auf dem Nullpunkt, dies um so mehr, als uns die Kirchenuhr 15.40 anzeigt, was bedeutet, dass wir das Postauto um wenige Minuten verpasst haben. Also weiter auf der Strasse nach Rueun. Als ein Auto vom Dorf kommt, versuchen wir unser Glück mit Winken. Es hält tatsächlich und entpuppt sich als – das Postauto. Da nur wenige Leute hier heraufkommen, reiche ein ganz gewöhnlicher Personenwagen als Verbindung zum Tal, erklärt uns der Posthalter. Um anderen Wanderern über den Panixerpass dieselbe Enttäuschung zu ersparen, sei verraten, dass in Panix die Zeit stehengeblieben ist und die Kirchturmuhr schon seit Jahr und Tag 15.40 Uhr anzeigt...

In zehn Minuten sind wir in Rueun, an der Station, von wo aus wir mit der Rhätischen Bahn nach Disentis fahren.

Saumtierkolonne im Schneesturm

GRAUBÜNDEN

Lukmanierpass

Der Lukmanier ist der niedrigste transalpine Schweizer Pass. Er war im Mittelalter ein vielbenutzter Übergang. Nicht nur Säumer, Händler und Viehtreiber benutzten ihn auf dem Weg von Disentis nach Süden. Auch mehrere deutsche Kaiser überqueren auf ihren Romreisen den Lukmanier.

In der «Krone» haben wir übernachtet, jenem altehrwürdigen Gasthaus, das Baedeker vor 130 Jahren als «die bessere der beiden Disentiser Herbergen» empfahl. Am frühen Morgen fahren wir mit dem ersten Postauto auf die Lukmanierpasshöhe, nach Santa Maria. Nur wenige Mitreisende sind im Bus, die alle bald aussteigen: der Pater in Curaglia, vielleicht um die Frühmesse zu lesen, ein alter Bauer in Platta. Der Fahrer freut sich über seine beiden letzten Passagiere bis zur Passhöhe. Unsere Frage, wie lange wir zu Fuss bis Disentis rechnen müssten, beantwortet er mit einem skeptischen Blick und meint: «Na ja, es sind immerhin rund 20 Kilometer!»

So ermutigt, entschliessen wir uns zu einer zusätzlichen Stärkung im modernen Passrestaurant. Das auf das 14. Jahrhundert zurückgehende alte Hospiz ist zusammen mit der Kapelle Sontga Maria im Stausee versunken.

Wir beschliessen, nicht entlang der Strasse zur Staumauer zu gehen, sondern den weiteren Weg am Westufer des Sees zu nehmen. Obwohl künstlich, verleiht der Lai da Sontga Maria der Passlandschaft einen ganz besonderen Reiz.

Auch unterhalb der Staumauer bleiben wir am Westhang und überqueren die Froda bei der Alp Stgegia auf einer moosbewachsenen Steinbrücke, die sicher noch aus der Zeit des nichtmotorisierten Passverkehrs stammt. Am Bachufer machen wir Rast und beobachten die zwischen den Steinen hin und her jagenden Forellen.

Von hier aus würde der Wanderweg parallel zur Lukmanierstrasse verlaufen. Um dem sonntäglichen Verkehr zu entgehen, überqueren wir wieder die Froda und suchen uns auf der anderen Seite eine schmale Spur zwischen Steinen und Felsen. Der Karte nach müssten wir so direkt zur Kapelle Sogn

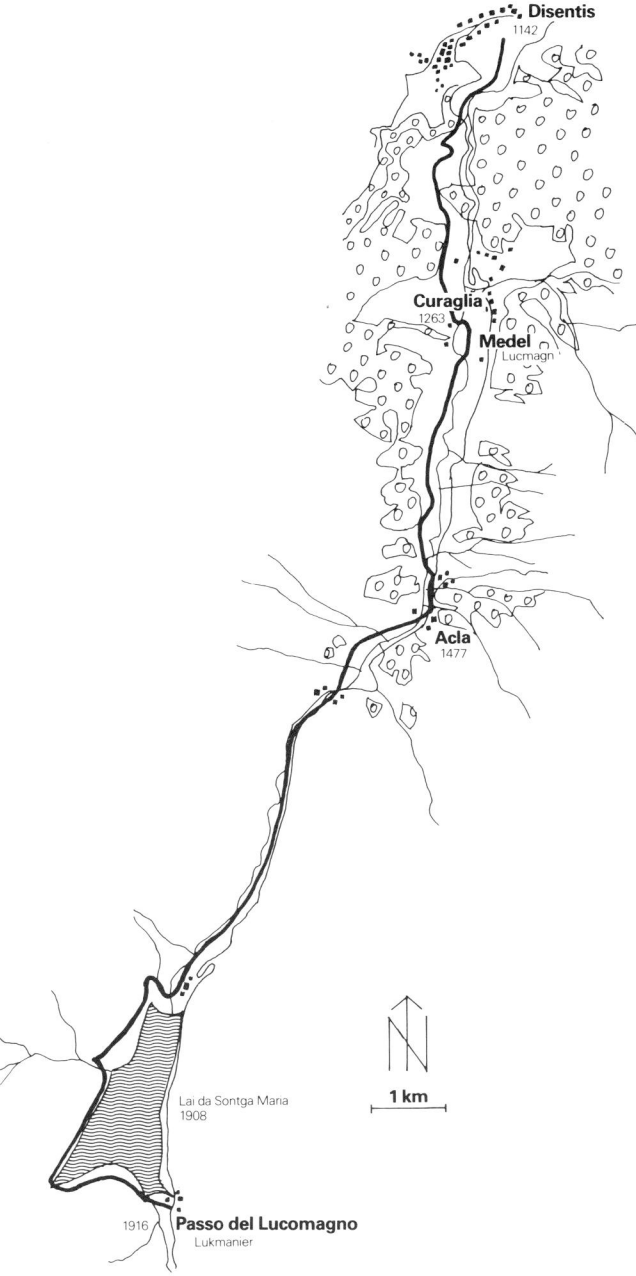

Route:	Lukmanier–Curaglia–Disentis
Wanderzeit:	Lukmanier-Passhöhe–Curaglia ca. 5 Stunden Curaglia–Disentis ca. 2½ Stunden
Karten:	Landeskarte der Schweiz 1 : 50 000 Blatt 256, Disentis
Unterkunfts- und Verpflegungsmöglichkeiten unterwegs:	Lukmanier-Passhöhe Curaglia Disentis
Anfahrt:	Mit Postauto ab Disentis bis Lukmanier-Passhöhe, Sta. Maria
Rückfahrt:	Ab Disentis mit der Bahn

Gagl kommen. Manchmal ist der Weg recht mühsam, und wir kommen natürlich nicht so schnell voran wie die Wanderer auf dem Natursträsschen jenseits des Baches. Wir steigen über Felstrümmer und zwängen uns zwischen Gebüsch hindurch. Über dem trockenen Sonnenhang hängt der Duft von Kräutern und Blumen. Wenn man die Augen schliesst, fühlt man sich bereits hier in die südlichen Gefilde jenseits des Passes versetzt.

Der kleinen Kapelle Sogn Gagl in der Nähe von zwei Alphütten sieht man ihre einstmalige Bedeutung nicht mehr an. Dabei wird diese St.-Gallus-Kapelle bereits im Jahre 1261 erwähnt. In der Urkunde heisst es, dass sie zu einem Passkloster oder Hospiz gehört habe. Leider kann man den mit kostbaren Fresken aus dem 14. Jahrhundert geschmückten Andachtsraum nicht besichtigen, da die Tür verschlossen ist. Die Herberge am Lukmanierpass wurde später von Sogn Gagl weiter passaufwärts verlegt.

Ähnlich wie Sogn Gagl war auch die nächstliegende S.-Gions-Kapelle Andachtsstätte für die Passfahrer. Im Baedeker von 1851 findet sich ein interessanter Hinweis auf die beiden Gotteshäuser: «Beim Hospiz S. Joan (S. Gions) und Hospiz S. Gall, die beide Glocken haben, durch welche Hilfsbedürftige ihre Noth zu erkennen geben können, gelangt man zum Hospiz St. Maria, einem kleinen Haus, wo der Reisende Speise, Trank und Obdach findet.»

An diesem heissen Sommertag würden wir etwas darum geben, irgendwo «Trank» zu finden, denn unsere Feldflaschen sind längst geleert.

Bei Sogn Gions steigt der Weg wieder am Westhang hinauf, und unter uns im Tal entdecken wir die supermoderne Kapelle von Acla. Der Blick von hier aus in das von einem grandiosen Felszirkus abgeschlossene Valle Cristallina ist sehr eindrücklich.

Bei Palí überqueren wir den Medelser Rhein auf einer alten Steinbrücke, die im Volksmund «Römerbrücke» heisst, aber wohl aus dem Mittelalter stammt. Ob der Lukmanier regelmässig von den Römern begangen wurde, ist nicht mehr festzustellen.

Die Geschichte des Lukmaniers ist auch die Geschichte des Klosters Disentis, das seit dem Mittelalter als gastliche Herberge am Kreuzpunkt der Wege über Oberalp und Lukmanier Reisende und Händler aufnahm. Als Handelsstrasse mit Hospizen, Zöllen und Lagerhäusern erscheint die Lukmanierroute erst im 14. Jahrhundert. Um den Verkehr über diesen Pass zu heben, schlossen Vertreter des Bleniotals und des Klosters einen Vertrag. An der Strasse von Chur nach Bellenz befanden sich elf Susten: Trins, Laax, Ruis, dann sechs, deren Lage nicht bekannt ist, sowie Biasca und Claro. Der alte Saumpfad vom Klosterdorf umging die Rheinschlucht über Mompé-Medel und erreichte erst bei Curaglia wieder den Talboden.

Der Lukmanier wird oft als «Kaiserpass» bezeichnet, weil mehrere deutsche Kaiser auf ihren Wegen von und nach Rom die Route durchs Vorderrheintal benutzten. Der Sage nach soll schon der Frankenkönig Pippin 754 auf diesem Weg aus Italien zurückgekehrt sein. Auch Otto I. benutzte diesen Übergang 965, Friedrich I. sogar mehrere Male, und zuletzt war es Kaiser Sigismund, der 1413 und 1431 auf seinem Weg über den «Kaiserpass» in Disentis Station machte.

Auf dem Weg von Curaglia nach Disentis, vorbei an der Kapelle S. Gada, benutzen wir den alten, von Steinmauern flankierten Weg. «Gassa» heisst auf romanisch ein solcher geschützter Weg. Leider werden eingestürzte Steinmauern oft nicht wieder erneuert, oder sie fallen modernen Strassenbauten zum Opfer. Damit verschwinden diese Zeugen einer Zeit, als das Reisen noch gemächlich, dafür aber sehr abenteuerlich war.

Oberalppass

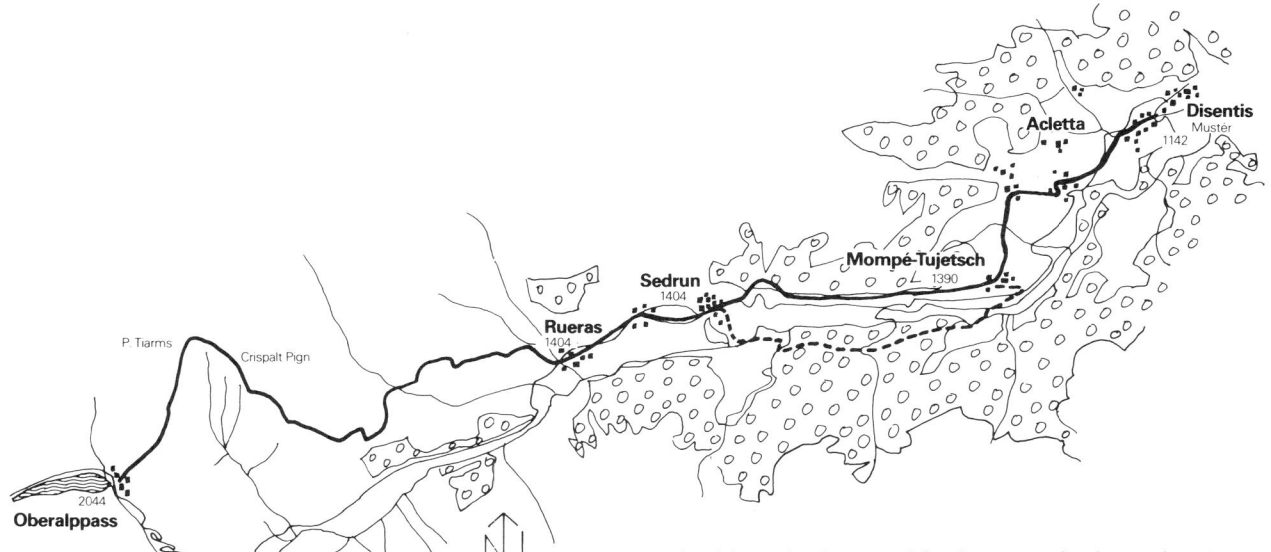

Die historische Verbindung zwischen der Benediktinerabtei Disentis und den ihr seit alters her verbundenen Wallisern führte über Oberalp und Furka. Diesen Weg nahmen daher auch die deutschsprachigen Walser, die auf der Suche nach einer neuen Heimat aus dem oberen Rhonetal ins ursprünglich romanische Tavetsch kamen und sich unterhalb der Passhöhe bis Rueras ansiedelten. Der früher nur im Sommer passierbare Oberalppass war für die Disentiser zugleich die kürzeste Verbindung zu den klösterlichen Besitzungen im Reusstal. Von der Passhöhe führen mehrere historische Wege durchs Tavetsch zum Klosterdorf Disentis.

Die Oberalppasshöhe scheint an einem schönen Sommermorgen der Treffpunkt aller Motorradfahrer zu sein. Sie brausen gleich kolonnenweise heran, halten an und beginnen sich aus ihren Ledermonturen zu schälen. Dazwischen wirkt die in einer Blumenwiese für eine Aufnahme posierende Trachtengruppe geradezu fremd.

Uns ist es zu unruhig hier, darum schlagen wir den zwischen Militärbaracken hindurchführenden Weg Richtung Pass Tiarms (2148 m) ein. Wir folgen dabei der Markierung der «Senda Sursilvana», dem Höhenweg durchs Bündner Oberland vom Oberalppass nach Chur.

Wir haben für die Etappe bis nach Rueras die Route oberhalb des Tales gewählt, um dem Verkehr auf der Passstrasse auszuweichen. Der alte Passweg verlief im Tal und verband die kleinen Dörfer mitein-

Route:	**Oberalppass–Sedrun–Disentis**
Wanderzeit:	**Oberalppass–Sedrun ca. 3 Stunden Sedrun–Disentis ca. 2 Stunden, über Cavorgias ca. 3 Stunden**
Karten:	**Landeskarte der Schweiz 1 : 50 000 Blatt 256, Disentis Wander- und Tourenkarte Disentis 1 : 50 000**
Unterkunfts- und Verpflegungs- möglichkeiten unterwegs:	**Passhöhe Sedrun Disentis**
Anfahrt:	**Mit Bahn bis Andermatt, von dort mit Furka-Oberalp-Bahn bis Station Oberalppass**
Rückfahrt:	**mit Bahn ab Disentis**

ander. Das ursprünglich romanische, dann deutsche obere Tavetsch/Tujetsch wurde im Laufe der Zeit wieder romanisch. Die Talbewohner lebten jahrhundertelang mehr schlecht als recht von der Landwirtschaft, sie bewirtschafteten den kargen Boden so weit hinauf, wie es nur ging.

Aber Krankheiten, Seuchen, Hungersnöte und Naturkatastrophen suchten das ohnehin sehr arme Tal immer wieder heim. In einer alten Chronik heisst es von den Talbewohnern: «Die Tavetscher sterben aus unmüssiger Traurigkeit ob ihrer möglichen Bestimmung».

Die wirtschaftliche Situation der Talbewohner verbesserte sich erst, als 1862/63 die Strasse zum Oberalppass gebaut wurde. Damit erhielt das bis dahin sehr abgeschiedene Tal erstmals eine ständige Ver-

Lawinenniedergang im Tavetsch

kehrsverbindung zur Aussenwelt. Als dann in den zwanziger Jahren die Oberalpbahn den Verkehr aufnahm, begann auch für das Tavetsch das Zeitalter des Tourismus.

Der alte Oberalpweg von Disentis aus führte über Acletta, Segnes, Mompé-Tujetsch entweder über Cavorgia oder direkt nach Sedrun, dann weiter über Selva und Tschamutt zur Passhöhe. Entlang der ganzen Route wurden, wie an allen Passstrassen, kleine Gotteshäuser errichtet, wo sich die Reisenden im Gebet für kommende Abenteuer stärkten oder für die Errettung aus Lebensgefahr dankten. Es waren durchaus nicht immer nur Naturgewalten, die das Reisen zu jener Zeit so abenteuerlich gestalteten. In einem etwa zweihundert Jahre alten Reisebericht findet sich eine etwas umständliche, aber sehr interessante Schilderung: «Trotz der bestehenden Verordnung (dass die Saumtiere nicht allein gelassen werden durften) begegnet es auch jetzt noch, dass man einzelne Pferde oder Ochsen mit beladenen Frachtwägelchen ganz allein auf der Strasse trifft. Doch ist dieser Missbrauch, der die Sicherheit der Waaren und der Fuhrwerke, welche solchen ungeleiteten Transporten begegnen, oft sehr gefährdet, heutzutage seltener geworden, als es zur Zeit der alten Strassen war, wo die Säumer gewöhnlich eine Stunde, nachdem sie ihre Saumpferde auf den Weg geschickt hatten, noch ganz ruhig im Wirtshaus zechten, und es demjenigen, der das Unglück hatte, zu Pferde auf den schmalen Bergstrassen einem solchen Zug breit geladener Lasttiere zu begegnen, überlassen, wie er sich aus der Verlegenheit ziehe, denn dass die Saumpferde sich durch nichts in ihrem Gang stören liessen, waren die Führer voraus gewiss.»

Sedrun, der Hauptort des Tavetsch, wird dominiert von der kupfergedeckten Kirche.

Etwas ausserhalb des Dorfes Richtung Mompé-Tujetsch steht eine kleine Kapelle, deren Tür offen ist. Als ich einen Blick hineinwerfe, pralle ich erschreckt zurück, denn nur wenige Meter vor mir sehe ich ein schmerzverzerrtes Gesicht. Nachdem sich meine Augen an das Dämmerlicht gewöhnt haben, sehe ich eine lebensgrosse, geschnitzte Gruppe mit dem kreuztragenden Jesus im Zentrum, verfolgt von geisselschwingenden Männern. «Sontget dils Gedius», Judenkapelle, heisst die kleine Andachtsstätte mit der eindrücklichen Schnitzszene, bei der es sich um die Kopie eines aus dem 17. Jahrhundert stammenden Originals handelt.

Von Sedrun aus gibt es zwei Möglichkeiten für den Weiterweg nach Disentis: entweder auf den Spuren des ursprünglichen Passweges über Cavorgias oder parallel zu Bahn und Strasse auf dem alten Natursträsschen nach Mompé-Tujetsch. Der Weg jenseits des Vorderrheins ist weiter, aber landschaftlich ausserordentlich reizvoll. Mompé-Tujetsch ist ein altes Dorf, in dem die Zeit stehengeblieben zu sein scheint – und das so nahe beim ständig wachsenden Disentis! Auf den Spuren eines alten Fahrweges geht es durch Wiesen und Felder nach Segnes und Cuoz. Die kleine Marienkapelle von Acletta, einstmals das erste Gotteshaus an der Oberalpstrasse, verschwindet zwischen den modernen Riesenbauten des neuen Disentis. In wenigen Jahren hat das Dorf um das Benediktinerkloster seinen Charakter vollständig verändert. Die Abtei, deren Äbte jahrhundertelang die Herren der Cadì (von «casa dei» – Gotteshaus) vom Russeinerfelsen bis zu den südlichen Pässen waren, beherrscht zwar noch das Dorfbild, aber hohe Appartementhäuser und Hotels sind bei der Talstation der Seilbahn auf den Piz Ault entstanden.

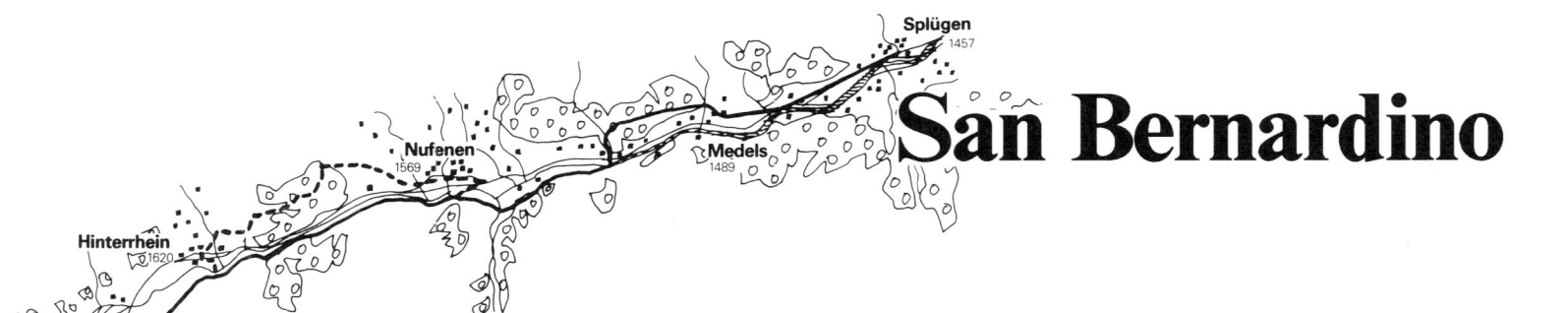

San Bernardino

Route:	San Bernardino–Hospiz–Hinterrhein–Splügen
Wanderzeit:	San Bernardino Dorf–Hospiz ca. 2 Stunden Hospiz–Hinterrhein ca. 2 Stunden Hinterrhein–Splügen entlang des Rheins ca. 2 Stunden/durch den Wald ca. 3 Stunden
Karten:	Wander- und Tourenkarte Rheinwald–Splügen, 1 : 50 000
Unterkunfts- und Verpflegungsmöglichkeiten unterwegs:	San Bernardino Hospiz nur im Sommer geöffnet, bis ca. Ende September Nufenen Hinterrhein Splügen
Anfahrt:	Mit Auto oder Postauto bis Splügen, von dort regelmässige Postautokurse nach San Bernardino
Rückfahrt:	Ab Hinterrhein oder Nufenen nach Splügen, von dort regelmässige Postautokurse nach Thusis

Seit der Eröffnung des Strassentunnels bildet der San Bernardino selbst bei schlechtem Wetter kein Hindernis mehr zwischen dem Rheinwald und der Mesolcina. Die alte Passstrasse benutzen die Autofahrer nur noch bei schönem Wetter. Oberhalb der «Kommerzialstrasse» verläuft der alte Transitweg, den schon die Römer zum Fahrweg ausbauten. Später benutzten ihn die Säumerkolonnen und Reisenden, denn dieser Übergang wurde unter allen Pässen Graubündens als der gefahrloseste betrachtet. Mit der wachsenden Bedeutung der italienischen Märkte und dem Ausbau der Viamala wurde die San-Bernardino-Route zu einer der wichtigsten, ganzjährig begangenen Nord-Süd-Verbindungen in Graubünden. Der alte Saumpfad ist heute ein landschaftlich und historisch äusserst reizvoller Wanderweg, der streckenweise über alte Pflasterungen führt.

Nachdem die Römer nach Rätien und weiter nordwärts vorgedrungen waren, erkannten sie bald die Bedeutung der Übergänge über den Splügen und den San Bernardino mit dem Anschluss durch die Viamala. Denn die Hinterrheintäler bildeten neben der Route durch das Oberhalbstein die kürzeste Verbindung im Osten zu den nördlich von Alpen und Bodensee gelegenen römischen Provinzen. Am San Bernardino weisen leuchtendrote Inschriften auf Granitblöcken auf die ehrwürdige «Strada romana» hin.

Auch nach dem Rückzug der Römer zog der Nord-Süd-Verkehr über den gepflasterten Passweg. Die deutschsprachigen Walser scheinen diese Route benutzt zu haben, als sie um 1270 das oberitalienische Pomatt verliessen und nach Osten zogen. In Hinterrhein wurden sie sesshaft. Von der dortigen Stammkolonie erfolgten dann spätere Siedlungszüge ins heutige Graubünden.

Im Zeitalter der Kreuzzüge erschloss das Bistum Chur entlang der Passrouten eine Reihe von Hospizen zum Schutze der Reisenden. Alte Quellen berichten, dass schon früh am Nordfuss des Passes «ein Klösterlein oder Hospitium für den Reisenden über den Bernhardin» bestanden habe, dessen Lage

Sererhard «ganz nache bei dem Ursprung am Gletscher» des Rheins beschreibt. Die in einer anderen Urkunde genannte Petrus-Kapelle vermuten die Forscher auf dem Gebiet der heutigen Gemeinde Hinterrhein, deren Kirche ebenfalls St. Peter geweiht ist.

Die Bedeutung des San-Bernardino-Passes als Transitweg nach Italien wuchs im 15. Jahrhundert mit dem Aufkommen des Gallusmarktes in Roveredo. Darum beschloss am 26. März 1467 die Gemeinde Mesocco, auf der Passhöhe ein Hospiz zu bauen. Die Bewohner der Höfe «Gualdo de Gareda», aus denen später das Dorf San Bernardino hervorging, wurden mit der Betreuung der gastlichen Stätte beauftragt und waren verpflichtet, den Weg von Pian di Seda bis Hinterrhein zu jeder Jahreszeit offenzuhalten und im Winter mit Stangen abzustecken. Wie mühselig diese Pflicht sein konnte, lässt sich aus einer Beschreibung des Naturforschers Johann Jakob Scheuchzer ahnen, der um 1705 die Arbeit der Ruttner beschrieb: «An etlichen Orten geschehet diese Wäg-öffnung durch die Rutter (sind Ochsen, die man durch die Strassen, da ein neuer Schnee gefallen, hinführte und durch ihres Mittel derselben bricht), man führet auch der Strass nach durch Ochsen oder Pferde, lange Balken, um darmit die gebrochenen Wege abzuebnen. Kann man durch dieses Mittel den Weg noch nicht aufthun, so werden gewisse Männer angestellt, welche mit Schaufeln, und anderen Instrumenten den Schnee wegnehmen.»

Den Hinterrhein-Routen über den Splügen und den San Bernardino wuchs weitere Bedeutung zu, als am 23. April 1473 mit dem Viamala-Brief besiegelt wurde, dass der alte Weg durch die «Fyamala» mit grossen Mühen und Kosten ausgehauen und verbessert werden sollte, damit er von jedermann mit grösster Sicherheit begangen werden könne. Dann

Auf dem Saumpfad zum San Bernardino

wurde auf dieser Strasse die Porten- und Rodordnung eingeführt, womit sie als gleichberechtigt mit der Septimer-Strasse anerkannt war.

Zweimal sind wir auf dem geschichtsträchtigen Weg von San Bernardino-Dorf nach Hinterrhein und weiter nach Splügen gewandert. Beim erstenmal herrschte am Nordfuss der Alpen Föhn, und wir hatten die Hoffnung, dass die zwischen Pizzo Uccello und Rheinquellhorn hängenden Nebel sich auflösen würden. Das Dorf San Bernardino ist ein Gemisch aus alten Häusern, denen man ihre vergangenen (besseren) Tage ansieht, und supermodernen Bauten, die hier fremd wirken. Darum lassen wir das Dorf gern hinter uns. Von Gareda aus blicken wir zurück und erkennen auf einem Hügel am Dorfrand die aus dem 15. Jahrhundert stammende Kapelle, die zu Ehren des Heiligen Bernardino von Siena erbaut wurde und Dorf und Pass den Namen gab. In früheren Quellen heisst dieser Übergang noch Vogelberg, nach dem 2727 m hohen Pizzo Uccello östlich des Passes. Die Frage, ob Vogelberg oder San Bernardino die richtige Bezeichnung wäre, hat die Gemüter in Graubünden des öfteren erhitzt.

Der Weg steigt gemächlich an. Der Nebel wird immer dichter. Jetzt kann man sich gut vorstellen, wie es den Reisenden früher ergangen sein muss. Nicht umsonst waren die Bewohner der beiden einsam gelegenen Höfe von Gareda verpflichtet, den «Passfahrern Pflege zu bieten, die Glocken alle zwei Stunden bei Unwetter, Schneesturm und Nebel zu läuten, um Umherirrenden den Weg zur sichern Unterkunftsstätte zu weisen». Im fahlen Licht bilden einzig die rot-weissen Markierungen gute Orientierungshilfen. Die von Gletschern rundgeschliffenen Granitfelsen auf der Passhöhe wirken im Nebelmeer wie riesige Fischleiber. Als wir vor uns die Umrisse eines Gebäudes erkennen und unvermittelt vor dem alten Hospiz an der Passstrasse stehen, sind wir überrascht, schon da zu sein. Im Nebel ist uns jegliches Zeit- und Ortsgefühl abhanden gekommen. Feucht und durchfroren, freuen wir uns über den heissen Kaffee und die Spezialität des Hauses, eine nahrhafte Brottorte, die uns in der alten Wirtsstube serviert werden. Seit der Verkehr nicht mehr über den Pass, sondern durch den Tunnel fliesst, ist das «ospizio» nur noch im Sommer geöffnet. Das alte Haus, in dem der Reisende einst Unterkunft und Pflege fand, wird heute selbst vom Wirt nur noch als «Raststätte» bezeichnet. Das grosse Tor an der Nordseite, durch das die Säumer ihre beladenen Tiere trieben, ist zugemauert. Nur an der südlichen Fassade ahnt man noch etwas von der einstmaligen Bedeutung des Hauses.

Als wir zwei Wochen später noch mal bei strahlendem Wetter die Wanderung machen, ist das Hospiz bereits geschlossen und Aufschriften an den Fensterläden verkünden «Tutte le finestre hanno inferriate – Alle Fenster haben Gitter».

Von der Passhöhe aus verläuft der Wanderweg rechts des Maseggbaches zur Tällialp und anschliessend wieder auf gut sichtbaren alten Strassenresten. Einige hundert Meter geht es dann entlang der Autostrasse. Dann führt der markierte Weg wieder auf dem alten Saumweg weiter, dessen Spuren manchmal fast im Erlengebüsch verschwinden. Diese Hänge des «Wälschberges» waren früher berüchtigt wegen ihrer «Schneeschlipfen, Schneestürze und Lauinen». In der Rheinebene unter uns liegt das Dorf Hinterrhein, etwas abseits der modernen Strasse. Auf der dreihundertjährigen «Alten Landbrugg» überqueren wir den Fluss. Die gemauerte Brücke wurde immer wieder durch Hochwasser stark beschädigt. Eine Plakette erinnert an die letzte Renovation im Jahre 1935.

Über den Valserberg

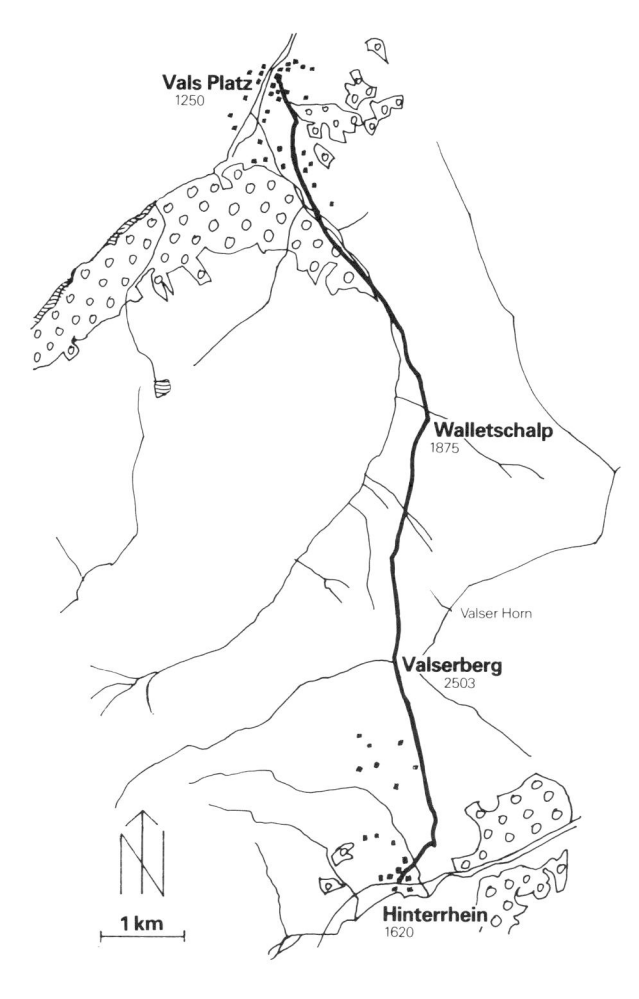

Route:	Hinterrhein–Valserberg–Walletschalp–Vals Platz
Wanderzeit:	Hinterrhein–Valserberg ca. 2½ Stunden Valserberg–Walletschalp ca. 3 Stunden Walletschalp–Vals Platz ca. 2¼ Stunden
Karten:	Landeskarte der Schweiz 1 : 25 000 Blatt 1254, Hinterrhein und Blatt 1234, Vals
Unterkunfts- und Verpflegungsmöglichkeiten unterwegs:	Hinterrhein Vals
Anfahrt:	Postauto ab Thusis nach Hinterrhein
Rückfahrt:	Postauto ab Vals

Die Wanderung über den Valserberg führt über eine historisch bedeutende Route. Denn über diesen Pass kamen die Walser aus der Stammkolonie in Hinterrhein im 14. Jahrhundert in die Täler des Peilerbaches und des Valserrheins, die damals nur von wenigen Rätoromanen bewohnt waren. Für die deutschsprachigen Walser blieb dieser Übergang jahrhundertelang die Lebensader, die sie mit den entlang der grossen Transitrouten gelegenen Orten im Rheinwald verband.

Wir starten unsere Wanderung in Hinterrhein. Das Dorf, ungefähr auf halber Strecke zwischen den Pässen Valserberg und San Bernardino, spielte zur Zeit des Saumverkehrs als Etappenort eine wichtige Rolle. Noch heute vermitteln die grossen Häuser mit den mächtigen Rundtoren einen Eindruck ihrer einstmaligen Bestimmung. Die Dorfbewohner werden in alten Berichten als habliche Leute beschrieben, die den Warentransit über den Bernardino-Pass besorgten. In guten Zeiten sollen in Hinterrhein an die hundert Saumrosse gestanden haben.

Heute macht das Dorf oberhalb der N 13 einen sehr ruhigen, fast verlassenen Eindruck. Nur ein paar Kinder spielen zwischen den Häusern, und der Pfarrer eilt mit wehender Kutte über holpriges Kopfsteinpflaster zur Kirche.

Der Weg Richtung Valserberg zweigt am Dorfeingang ab. Eine neue Naturstrasse führt durch die Matten oberhalb des Casanna-Waldes. Bald verzweigt sich der Weg, und wir müssen uns entscheiden, ob wir gemächlicher über Piänetsch oder steil und direkt auf schmalen Spuren zum Sattel aufsteigen wollen. Wir entscheiden uns für die «direttissima», obwohl uns die rund 800 Höhenmeter an diesem schwülen Sommertag schier unüberwindlich scheinen.

Früher herrschte während des Sommers reger Verkehr zwischen Vals und Hinterrhein. Regelmässig waren die Säumer mit vier bis fünf Rossen unterwegs. Sie nahmen die Route über Piänetschberg, wo auch der Weg von Nufenen einmündet. Während der Wintermonate machten die Valser Bergträger den Weg zu Fuss. Wenn es das Wetter erlaubte, bis zu dreimal in der Woche. Im Aufstieg von Vals her hatten sie ihr «Ritbrett» geschultert, ein kurzes, breites skiähnliches Holzgerät. Darauf sitzend ging es in sausender Fahrt die steilen Hänge nach Hinterrhein hinunter. Dort nahm jeder von ihnen ein «Mötsch» – einen Sack von 100 kg – in Empfang, dessen Inhalt in zwei kleinere Säcke umgefüllt wurde. Einer davon wurde auf dem Rücken festgebunden und den Berg hinaufgetragen. Da der Weg auch im Winter regelmässig begangen wurde, war meist eine gute Spur vorhanden. Vom Pass hinunter ging es dann ein zweites Mal auf dem «Ritbrett» nach Hinterrhein, wo die Valser, manche Bauern, die sich so ein Zubrot verdienten, manche Berufsträger, im «Rote Hus» übernachteten und am nächsten Morgen mit der zweiten Ladung und dem Ritbrett auf dem Rücken wieder zum Pass aufstiegen.

Als wir an einem heissen Julitag den Berg hinaufpusten, wiegt unser Rucksack nur einen Bruchteil dessen, was ein Bergträger hier herauftrug, und trotzdem scheint es uns schon zuviel. In der steilen Grasmatte ist der Weg nur noch der Spur nach zu sehen. Wir steigen ziemlich gerade auf die zwei gekreuzten Stangen zu, die wir bereits vom Tal her entdeckt haben. Von dort aus haben wir einen guten Überblick auf die jenseits des Tales in Serpentinen ansteigende San-Bernardino-Passstraße. Wenn man genau hinschaut, sieht man im Wald sogar noch die Spur des alten Transitweges, der an der Flanke des Mittagshornes Richtung Süden ansteigt.

In den Schattenmulden unterhalb des Valserhorns liegt auch im Juli noch Schnee. Und auch der Firn des Chilchalphorns wirkt frisch verschneit.

Auf dem Sattel angekommen, bläst uns ein kalter Wind entgegen. Einige Meter abwärts finden wir einen sonnigen, geschützten Platz. Nach dem mühsamen Aufstieg geniessen wir die Rast. Leider haben wir wegen des starken Sommerdunstes kaum Fernsicht. Die Gipfel des Einshorn und des Piz Tambo jenseits des Rheins verschwimmen fast in der hitzeflirrenden Luft.

Der Abstieg geht durch Geröllfelder mit kreuz und quer geschichteten Platten, die oft wie Vexierbilder wirken. Der Weg vom Pass bis zur Walletschalp im Peilertal war zur Zeit der Bergträger während des Winters mit 2 m langen Stangen abgesteckt. Sie wurden alljährlich vom Dorfweibel gesetzt, damit sich die Träger nicht verirrten. An einigen Stellen wiesen zusätzlich Steinmänner den Weg. An einem besonders markanten Punkt steht noch heute der «Gross Hirt» auf 2203 m Höhe. Je weiter wir gegen die Walletschalp absteigen, desto mehr öffnet sich der Blick auf die steilen Hänge des Peilertales, auf denen weit verstreut nach Walserart die Höfe liegen.

Diesen Teil des Weges brachten die Bergträger im Winter meist sehr schnell hinter sich. Sie hatten nämlich im Aufstieg am Pass ihre Schlitten deponiert, auf denen die Ladungen verstaut wurden. Sie selbst stellten sich vor den Schlitten zwischen die Kufen und sausten so auf ihren festen, genagelten Schuhsohlen zu Tal.

Für uns ist diese Etappe um einiges länger. Aber wir geniessen es, durch blühende Wiesen, auf denen Jungvieh weidet, gemächlich zur Walletschalp abzusteigen. Wir nehmen von dort nicht den direkten Weg hinunter nach Peil, sondern überqueren nahe der Alp den vom Bärenhorn herabschäumenden Walletschbach und kommen erst unterhalb des Chappelihus auf die Naturstrasse im Tal. Durch den Peiler Wald, am Waldchappeli vorbei, geht es Richtung Valé. In den steilen Wiesen oberhalb des Dorfes wird geheut, der würzige Duft des frischgemähten Grases liegt in der Luft. Im Tal schimmern die Steindächer der wettergebräunten Holzhäuser in der Nachmittagssonne.

Bevor der Tourismus hier neue Einnahmequellen erschloss, waren die Talbewohner meist Bauern, die sich mühselig auf ihren steilen Hängen abplagten. Damals wurde noch Korn angebaut, das zusammen mit Käse als Handelsware auf die Märkte jenseits des Valserbergs gelangte, während die Bergträger Reis, «Türggamäll» (Mais), Roggenmehl, Kastanien und natürlich Wein herüberbrachten. Im Herbst trieben sie ihr Vieh über den Berg und weiter über den San Bernardino oder Splügen auf die norditalienischen Märkte.

Auch nachdem die Strasse von Ilanz her in den siebziger Jahren des 19. Jahrhunderts gebaut worden war, wurde der Weg über den Valserberg noch lange Zeit unterhalten. Heute trifft man auch an schönen Tagen kaum andere Wanderer, obwohl diese abwechslungsreiche Tour landschaftlich sehr reizvoll ist.

Hinterrhein

Über den Safierberg

Route:	**Splügen–Safierberg–Turahus–Thalkirch**
Wanderzeit:	**Splügen–Safierberg ca. 3 Stunden** **Safierberg–Turahus ca. 3 Stunden** **Turahus–Thalkirch (Postauto-Station)** **ca. 15 Minuten**
Karten:	**Landeskarte der Schweiz 1 : 50 000** **Blatt 275, Safiental** **Blatt 267, San Bernardino** **Tourenkarte Splügen–Rheinwald 1 : 50 000**
Unterkunfts- und Verpflegungs- möglichkeiten unterwegs:	**Splügen** **Turahus** **Thalkirch**
Anfahrt:	**Postauto bis Splügen**
Rückfahrt:	**Postauto ab Safien–Thalkirch nach** **Safien–Versam, von dort Rhätische Bahn**

Entlang des Stutzbaches zogen Anfang des 14. Jahrhunderts freie Walser aus dem Rheinwald über den Safierberg und liessen sich im Tal der Rabiusa nieder. Später war dieser Übergang eine rege benutzte Verbindung von Ilanz nach Splügen, mit Anschluss an die Passrouten nach Italien.

Es lohnt sich, in Splügen vor dem Aufstieg noch ein wenig herumzustreifen. Die alte Walsersiedlung, an den Transitrouten über den Splügen und den San Bernardino gelegen, hat in ihrem Dorfkern bis heute noch viel vom Charakter der Saumstation bewahrt. Rund vierhundert Jahre lang lebten die Splügener vom internationalen Transitverkehr über die beiden Pässe. Eindrückliche Zahlen belegen die Bedeutung des Warentransits für das Rheinwald: Im 18. Jahrhundert lebten an die 3000 Säumer vom Transport der jährlich rund 100 000 Zentner Waren. An die 30 000 Personen unternahmen die abenteuerliche Reise über die Pässe. Aber auch für den lokalen Warenaustausch hatte Splügen grosse Bedeutung, seit der Landesherr Graf Heinrich von Werdenberg-Sargans 1443 dem Dorf das Recht verliehen hatte, jeden Samstag einen Wochenmarkt und am 6. Oktober einen Jahrmarkt abzuhalten.

Im Dorf ist allenthalben noch die einstmalige Bedeutung spürbar. Das alte Schweizer Zollhaus an der Strasse zum Splügenpass ist restauriert worden. Am Bodenplatz dominiert der mächtige Bau des Posthotels Bodenhaus. Das grosse Walmdachgebäude wurde im Jahr 1722 als Handelshaus erbaut und hundert Jahre später, nach dem Bau der alten Splügenstrasse, als Hotel eingerichtet. Auf der anderen Seite des Baches sieht man die wettergebräunten Häuser von Alt-Splügen. Über die steinerne Tobelbrücke gelangen wir in den Dorfkern, den die mächtigen Schorsch-Häuser dominieren.

Im kürzlich renovierten Johann-Paul-von-Schorsch-Haus aus dem Jahre 1716 befindet sich das sehenswerte Rheinwaldner Talmuseum.

Hinter den ehemaligen Säumerhäusern am Bachufer stehen eng nebeneinander alte Bauernhäuser mit verwitterten Fassaden am kopfsteingepflasterten

Weg. Der Aufstieg zum Safierberg führt oberhalb des Dorfes als zwei Fuss breiter Pfad durch einen steilen Wiesenhang zur Kehre der neuen Naturstrasse.

Es ist ein herrlicher, aber heisser Sommertag, und wir geraten recht ins Schwitzen. Immerhin liegt Splügen «nur» auf 1457 m, bis zum Safierberg sind gute tausend Höhenmeter zu überwinden. Wir lassen uns darum viel Zeit und geniessen die Ruhe und den Ausblick auf das Hinterrheintal mit den gegenüberliegenden Gipfeln Richtung Splügenpass. Die einzigen Menschen, die wir antreffen, sind Bauern, die in den steilen Matten an der Gadenstatt heuen.

Der schmale Weg führt immer entlang dem Stutzbach. Er entspringt an den Hängen des Safierberges und mündet bei Splügen in den Hinterrhein. Sein Bett ist unterhalb des Teurihorns eine enge, steile Schlucht und weitet sich dann je höher wir aufsteigen zu einem breiten Becken, das alle anderen Wasser der umliegenden Hänge aufnimmt.

Splügen

Die Stutzalp-Hütten wirken von weitem verwaist und verfallen. Wie wir näherkommen, sehen wir aber, dass die Ställe wieder aufgebaut werden. Hundegebell kündigt uns den Bewohnern an, drei wild aussehenden Gesellen, die sichtlich überrascht sind, dass an diesem heissen Tag Wanderer über «den Berg» gehen. Der rauhe Ton des Gespräches lässt uns die Rast bald abbrechen, und wir sind froh, als die Alp einige hundert Meter hinter uns liegt.

Je höher wir Richtung Pass aufsteigen, desto interessanter wird die Landschaft. Wir befinden uns in einem Talkessel, der von Schollenhorn (2732 m) und Schollengrat im Süden, Bärenhorn (2929 m) im Westen und Wisshorn (2988 m) und Teurihorn (2973 m) im Osten eingerahmt wird. Die steilen Schieferhänge vor uns glitzern im Mittagslicht.

Das überall weidende Jungvieh lässt sich durch die Wanderer nicht stören. Von der Passhöhe aus erblicken wir 600 m unter uns die ersten Häuser des Safientales. An der Hütte unterhalb des Grates, der vom Bärenhorn zum Chrachen verläuft, machen wir Rast. Über uns kreist ein Steinadler, an den hellen Flecken in seinen Schwingen weithin erkennbar.

Seit wann der Safierberg regelmässig begangen wurde, ist nicht mehr genau festzustellen. Seit dem Fund einer Bronzemünze, die aus der Zeit des Kaiser Magnentius 330–353 stammte, sind immer wieder Vermutungen geäussert worden, dass diese Verbindung Ilanz–Splügen bereits den Römern bekannt gewesen sei. Erst für die fränkische Zeit nennen schriftliche Quellen «eine viel benutzte Passstrasse durch das Lugnez zum St. Bernhardin und Splügen». Sie soll von Ilanz aus über Pitasch im Lugnez zum «Güner Kreuz», dem Güner Lückli, geführt haben, von dort über die Hänge der Zalöner- und Camaneralpen nach der Bodenalp und weiter über den Safierberg nach Splügen. Im Pitaschertal sind noch heute Spuren eines alten Weges sichtbar, die in steilen Zickzackkurven zum Güner Lückli ansteigen. Die Pitascher nennen ihn den «Römerweg».

Der Walserforscher Paul Zinsli schreibt in seinem Buch «Walser Volkstum»: «Auch eine später so abgelegene Gegend wie das Hochtal Safien kannte einst einen regen Saumbetrieb über das längst zerfallene Strässli, das von Splügen ins hinterste Thal und von da dem linken Hang nach über das Güner Kreuz führte. Nicht nur die verschiedenen Rossböden im Alpenhang, nicht bloss die da immer wieder gefundenen alten Hufeisen deuten auf die umfangreiche Pferdehaltung Safiens in früher Zeit.»

In einer Urkunde von 1714 betreffend die Bodenalp heisst es «die Abmachung berücksichtigt die alte Landstrasse nicht». Also scheint zu dieser Zeit die Strasse über den Pass noch häufig benutzt worden zu sein.

Auf dem Weg ins Tal entdecken wir immer wieder Teile alter Pflästerung. Sie stammen aber nicht aus der Zeit der Säumer, sondern aus dem letzten Krieg, als Internierte den Weg zum militärischen Stützpunkt Safierberg befestigten.

Der Abstieg zur Bodenalp, «Z'hinterst» im Safiental, wie es dort heisst, geht in die Knie. Der Weg verläuft parallel zur Rabiusa. Vom Weisshorn stürzt mehrere hundert Meter tief ein prächtiger Wasserfall.

Auf der Naturstrasse, vorbei am tristgrauen Betonbecken, das die Wasser der Rabiusa fasst, erreichen wir die «Turahüser». Das mächtige, weisse «Untere Turahus» rechts vom Weg ist ein ehemaliges Podestàhaus, was auch auf die frühere Bedeutung dieses einsamen Fleckens hinweist. Vom gotischen Fenster im sonst romanischen Gebäude hiess es früher, es stamme aus der alten Kapelle. Inzwischen weiss man, dass die Gotteshausfenster in die Kirche von «Thal» gelangt sind. Die Kapelle ist leider nur noch eine bessere Ruine und wird als Abstellraum benutzt. Dabei war es das Türmchen dieser letzten Andachtsstätte vor dem Pass, die der Gegend den Namen gab, denn «Tura» ist eine Abwandlung der früheren Ortsbezeichnung «Beim Turm». Das Gebäude wurde mehrfach verändert und mag zeitweise sogar als Warensuste für die Säumer gedient haben.

Das «obere Turahus», ein gemütliches Berggasthaus, ist vielleicht aus einem früheren Rasthaus für Säumer hervorgegangen. Oberhalb des Gebäudes stiess man vor einiger Zeit auf alte Pflästerungen.

Von den «Turahüsern» ist es zur Postautostation Thalkirch nochmal gut 10 Minuten Wegs. Thalkirch, oder «Im Thal», scheint die erste Walsersiedlung im Safiental gewesen zu sein, denn sehr frühe Quellen nennen einen Ort «ze sauvien im tall». Lange Zeit war die kleine Kirche auf dem Felssporn über dem Fluss das einzige Gotteshaus im ganzen Tal.

Mit einem uralten Saurer-Postauto reisen wir nach Safienplatz, wo wir im Hotel «Rathaus» übernachten. Am nächsten Tag geht es dann auf dem alten Fussweg über den Glaspass nach Thusis.

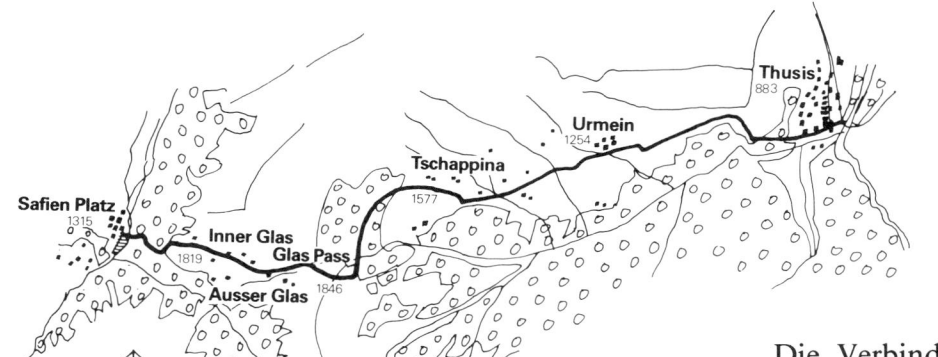

Glaspass

Die Verbindung vom Rabiusa- ins Hinterrheintal über den Glaspass ist historisch, da die Safier Walser dem Kloster Cazis zinspflichtig waren. Ausserdem war dieser Weg für die Bewohner des inneren Tales die nächste Verbindung zur Aussenwelt.

Wenn man heute vom Safierberg herkommend das Tal Richtung Unterland verlassen möchte, kann man entweder mit dem Postauto nach Versam fahren oder zu Fuss über den Glaspass nach Thusis gehen. Wir haben im letzten Sommer beides gemacht. Die Postautofahrt ist eindrücklich. Besonders, wenn man sie bei regnerisch-nebligem Wetter unternimmt und der Fahrer zum erstenmal im Leben einen alten, schweren Bus (ohne Lenkhilfe!) die kurvenreiche Strasse entlang der Rabiusa-Schlucht hinunterlenkt. Zum Schluss stehen allen Beteiligten Schweissperlen auf der Stirn: dem Fahrer vor Anstrengung, den Reisenden aus Mitgefühl und Erleichterung. Von der Strasse her bekommt man einen guten Eindruck von der Topographie dieses Hochtales. Die Schluchten von Rhein und Rabiusa, das Acla- und das Tälibachtobel erschwerten früher den Zugang von Norden her. Die über den Safierberg von Süden eingewanderten Walser pflegten gute Kontakte zu den Rheinwaldnern und benutzten darum das «Strässli» nach Splügen, während die Bewohner des inneren Tales den Weg über «Stäge» und den Glaspass nach Thusis nahmen.

Nach unserer Wanderung über den Safierberg übernachten wir in Platz im einzigen Gasthof, dem «Rathaus». Das Gebäude entstand um 1481, und der jeweilige Besitzer ist verpflichtet, der Gemeinde die alte Ratsstube als Tagungsort zur Verfügung zu stellen und immer für Ruhe, Heizung und Trunkgelegenheit zu sorgen. Das Gasthaus ist der einzige Treffpunkt für die Bewohner der weit über die Hänge vertreut liegenden Einzelhöfe.

Die freien Walser, die vom Rheinwald her das dem Kloster Cazis gehörende Gebiet des Safientales besiedelten, erhielten vom Kloster ihre Höfe als ewige Lehen. Die Zinse wurden nicht von jedem einzelnen Hofbesitzer, sondern von den «Häuptern» eines je-

Route:	Safien-Platz–Ausser Glas–Tschappina–Urmein–Thusis
Wanderzeit:	Safien-Platz–Ausser Glas 2 Stunden Ausser Glas–Tschappina ¾ Stunden Tschappina–Urmein ¾ Stunden Urmein–Thusis entweder mit Postauto oder auf streckenweise asphaltierten Wegen; zu Fuss ca. 2 Stunden
Karten:	Landeskarte der Schweiz 1 : 50 000 Blatt 257, Safiental
Unterkunfts- und Verpflegungsmöglichkeiten unterwegs:	Safien Restaurant Beverin, Glaspass Thusis
Anfahrt:	Rhätische Bahn bis Versam-Safien, von dort Postauto
Rückfahrt:	Postauto ab Tschappina oder Urmein nach Thusis

den Hofes entrichtet. Jeder Hof hatte ein oder auch mehrere Häupter. Alljährlich jeweils um den St. Martinstag, 10. November, mussten die 13 Höfe des Safientals ihren Zins im Kloster abliefern. Dann bildete sich ein stattlicher Saumzug, der 1512 aus 26 «Häuptern», 48 beladenen Saumpferden und 46 Knechten bestand. «Mann hinter Mann, Pferd hinter Pferd steigt er nun die steile Stäge hinauf», heisst es in einer alten Beschreibung. Die Safier müssen zu jener Zeit recht wohlhabende Leute gewesen sein, denn das Kloster verlangte alljährlich einen stattlichen Zins:

132 Wertkäs
29 Zentner Alpkäs
85 Stär Schmalz
4 Pfund Pfeffer

und einen Geldbetrag.

Nachdem die Safier ihren Zins abgeliefert hatten, erhielten sie im Kloster eine reichliche Zehrung, bevor sie sich wieder auf den Weg über Glas und Stäge nach Safien machten.

Der Aufstieg zum Glaspass beginnt gegenüber dem Gasthaus. Obwohl die steile, dicht bewaldete Wand von dort aus fest unbezwingbar wirkt, führt ein guter Weg hinauf, von den Einheimischen «Stäge» genannt. Noch bis Anfang unseres Jahrhunderts wurde hier Safier Vieh auf den Markt nach Thusis hinübergetrieben. Und auch der letzte Säumer über den Glaspass, Josua Zinsli, machte den Weg auch nach dem Bau der Strasse noch regelmässig. Seine Nichte, Frau Buchli, bei der wir einmal übernachteten, als im Rathaus kein Platz war, erinnert sich noch, dass ihr Onkel als Postbote jeden zweiten Tag nach Thusis ging. Am selben Tag trug er Briefe und Pakete am Heinzenberg und in Safien-Platz aus, am nächsten Tag machte er die Runde in Tenna und Bäch.

Der Weg über den Glaspass war zu allen Jahreszeiten begangen und wurde daher stets gepflegt. Seitdem er aber als lokale Verkehrsverbindung ausgedient hat, wird er leider nicht mehr regelmässig unterhalten. Da auch die Besitzverhältnisse recht verzwickt sind – ein Teil gehört zu Safien, der andere zu Tschappina, und dann eine Strecke wieder zu Safien –, hat keine der Gemeinden grosses Interesse mehr daran. So ist es nur noch eine Frage der Zeit, bis einige der Tobelübergänge nicht mehr passierbar sein werden. Dabei ist dieser Weg eine beliebte Familienwanderung, auch für kleinere Kinder und ältere Leute ideal.

Je höher wir auf dem Weg Richtung Glas kommen, desto mehr öffnet sich der Blick auf die gegenüberliegenden Hänge des Safientales, auf denen weit verstreut nach Walserart die Einzelhöfe liegen.

Inner Glas und Ausser Glas sind ganzjährig bewohnt. In Ausser Glas gibt es im alten Gasthaus «Beverin» Maluns, eine Bündner Spezialität aus Kartoffeln und Mehl, zu der Apfelmus serviert wird. Hier kann man übernachten, wenn man den Beveringipfel besteigen will, der von hier aus nur noch gute drei Stunden entfernt ist.

Unterhalb der Passhöhe, zu der von Thusis aus eine Strasse heraufführt, biegt der «Alte Glaserweg» in den Wald ein. Ungefähr diese Route müssen die Safier Walser genommen haben, als sie aus ihrem Hochtal die Glaser Alpen und die Hänge von Tschappina besiedelten. Es ist ein abwechslungsreicher, schöner Weg, zugleich ein Grütli-Waldlehrpfad mit Bestimmungstafeln für Bäume und Pflanzen. Der Ausblick über die weiten Hänge des Heinzenberges, über das Domleschg zu den Gipfeln der Stätzerhornkette ist immer wieder faszinierend.

Tschappina, die höchstgelegene deutsche Gemeinde am ehemals romanischen Heinzenberg, ist von Thusis her mit dem Postauto erreichbar. Wir wandern aber auf der alten Naturstrasse zwischen Kornfeldern und Wiesen weiter nach Urmein und nehmen erst dort das Postauto, weil dann die Richtung Thusis führenden Wege meist asphaltiert sind.

Alter Schyn

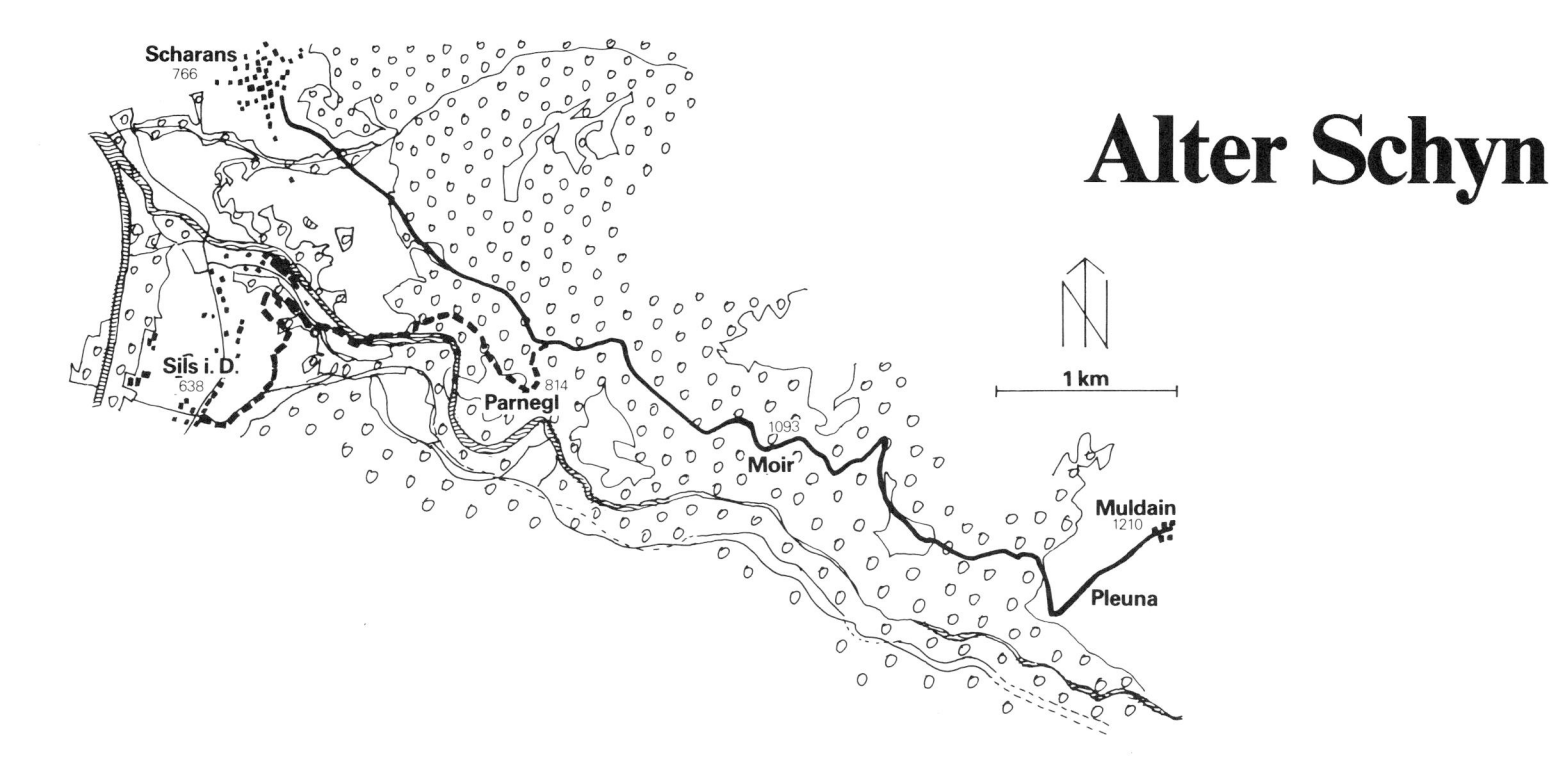

Route:	Muldain–Pleuna–Scharans
Variante:	Muldain–Pleuna–Parnegl–Sils i. D.
Wanderzeit:	Muldain/Obervaz–Scharans ca. 3½ Stunden Muldain/Obervaz–Sils i. D. ca. 3 Stunden
Karten:	Landeskarte der Schweiz 1 : 25 000 Blatt 1215, Thusis
Unterkunfts- und Verpflegungs- möglichkeiten unterwegs:	Muldain (Junkerhaus) Scharans Sils i. D.
Anfahrt:	Mit Bahn oder Auto nach Tiefencastel und von dort mit Postauto über Lenz nach Muldain
Rückfahrt:	Mit Postauto von Scharans nach Thusis und mit Bahn zurück zum Ausgangspunkt

Zwischen Tiefencastel und Thusis hat sich die Albula in jahrtausendelanger Arbeit ihren Weg durch das Gebirge gefressen. Entstanden ist die schauerliche Schynschlucht, durch die heute eine kühne Strasse angelegt ist. Früher war diese Schlucht ein unüberwindbares Hindernis und wurde daher hoch oben, den steilen Felsen entlang, umgangen. Der sogenannte «Alte Schyn» war eine beliebte Verkehrsverbindung: vom Domleschg nach Tiefencastel, zur Julier- oder Septimerroute, ins Albulatal, nach Davos und auf die Lenzerheide. Dem Wanderer ist dieser ausserordentlich romantische und heute wenig bekannte Pfad als Wanderweg erhalten geblieben.

Mit dem Postauto lassen wir uns von Tiefencastel über Lenz nach Muldain kutschieren, um den Weg – als gemütlichen Spaziergang ohne grosse Steigungen – abwärts ins Domleschg in Angriff zu nehmen. Wir befinden uns hier mitten im Stammland des einst mächtigsten Feudalherrengeschlechts Graubündens, der Freiherren von Vaz, welche die Walser in die unbesiedelten Gebiete ihrer Ländereien holten, nicht zuletzt, um immer genügend Fussvolk für allfällige Kriege zur Verfügung zu haben. Die Gemeinde Obervaz, die aus den Fraktionen Muldain, Lain, Zorten und Solis besteht, hat aber nicht nur glanzvolle Zeiten erlebt. Im Jahre 1850 wurde ein Bundesgesetz erlassen, wonach alle an einem bestimmten Stichtag in einer Gemeinde anwesenden «Heimatlosen» von dieser zwangseingebürgert werden mussten. Zu jenen 20 betroffenen Bündner Gemeinden, die besonders viele Kessler oder Jenische, wie die Zigeuner in Graubünden heissen, aufnehmen mussten, gehörte auch Obervaz. Was auf die Behörden damals zukam, ersieht man am Beispiel einer kleinen Ortschaft von 191 Einwohnern, die Zuwachs von einer 300köpfigen Kesslersippe bekam, obendrein besonders geburtenfreudigen Familien, die ihren Lebensunterhalt durch Hausieren, Schirm- und Kesselflicken, Korben oder Lumpensammeln bestritten. An den daraus folgenden finanziellen Verpflichtungen (Armengenössigkeit) blutete auch Obervaz beinahe aus und konnte sich erst in neuerer Zeit dank seinem ausgedehnten Landbesitz, zu dem das ganze Gebiet der Heide gehört, wieder sanieren. Es kann also durchaus sein, dass man hier den Nachfahren der damals Eingebürgerten begegnet, Männern mit flottem Schnauz, Kindern mit grossen Ohrringen... Vielleicht schnappt man sogar einen Sprachfetzen auf, den man nicht einordnen kann. Die Jenischen sprechen nämlich, wie übrigens die Zigeuner auf der ganzen Welt, ihre eigene Sprache: «Tschant lagg» heisst beispielsweise «es geht schlecht». Wer Durst hat, sucht «an grandiga kobra», eine warme Wirtsstube auf und labt sich beim «schächer», «fetzer» oder «kober», alles Worte für den Wirt, am «plamp» (Bier) oder «joli» (Wein). Kurioserweise findet man auch jiddische Elemente in dieser Sprache, wie etwa das Wort «g'far» für Dorf, im Hebräischen kafar. Wer nicht zur Sippe gehört, wird als «Bauer» abgestempelt, die eigenen Leute aber sind die «Uessriga». Unsere Wanderung beginnt also in einem geschichtsträchtigen Gebiet, und in Muldain, wo wir nach dem prächtigen Junkerhaus, der letzten Gaststätte am Weg, auf die Kirche St. Johann Baptista stossen, gibt es gleich noch eine interessante Episode aus früherer Zeit zu erzählen, die, falls sie nicht stimmt, wenigstens zum Schmunzeln anregt. Zur Zeit der Reformation bestellten die katholischen Obervazer aus dem Domleschg einen reformierten Pfarrer, der sie über den neuen Glauben aufklären sollte. Dem Messmer des Dorfes war darob um die Zukunft angst und bange, da er befürchtete, in einer reformierten Kirche weniger Aufgaben zu haben. Er eilte daher dem gerufenen Pfarrherrn, der zu Fuss den Alten Schyn hochkam, mit der erfundenen Nachricht entgegen, die Bauern stünden schon alle mit der Mistgabel bereit, um ihn zu ermorden. Das aber war dem Pfarrer die Reformation denn doch nicht wert, und er kehrte eilends wieder um. Inzwischen warteten die ahnungslosen Obervazer vergeblich, bis ihr Entschluss gefasst war: «Wenn der Reformierte so wenig Interesse hat, dann bleiben wir eben katholisch.»

Am Ausgang von Muldain finden wir einen als Wanderweg markierten Feldweg, dem wir bis Pleuna folgen, dem wohl schönsten Aussichtspunkt der ganzen Route. Von hier aus sieht man, besonders an klaren Herbsttagen, weit in drei Täler: ins Domleschg, ins Oberhalbstein und ins Albulatal. Nun erst beginnt der eigentliche alte Schynweg, der durch die Felsen und steilen Waldhänge gebaut wurde. Bellegarde, ein österreichischer Feldmarschall, der den Weg 1799 inspizierte, meinte, er sei «an manchen Orten nur mit schwachen Querhölzern an die Felsen gestützt und könne eigentlich nur mit Packpferden und auch mit solchen nicht ohne Gefahr passiert werden». Kurz vor ihm notierte ein Zeitgenosse: «Die Strasse dient fast nur zur Kommunication zwischen den Gemeinden Fürstenau, Obervaz und Tiefencasten. Nur selten bringen im harten Winter die Oberhalbsteiner Säumer Wein ins Thal, den sie über den Septimer aus dem Veltlin abgeholt haben, und von fremden Reisenden ist dieser grausenerweckende Weg, gegen den die so fürchterlich beschriebene Via Mala eine Chaussée genannt werden kann, vielleicht noch nie gesehen worden.» Darin hatte er sich allerdings getäuscht: Schon 1358 erwirkte der Bischof von Chur vom Kaiser zwar den Befehl, dass die Kaufleute nur die bischöfliche Reichsstrasse über den Septimer benutzen dürften. Viele hielten sich jedoch nicht daran und zogen wohl über die Lenzerheide, schwenkten jedoch in Lenz ab, um über Obervaz, durch den Schyn und die Via Mala doch noch den mit weniger hohen Gebühren belasteten Splügenweg zu erreichen.

Für die Schönheiten der Natur mochte sich ein damaliger Reisender im gefährlichen Schyn wohl kaum erwärmen. Heute aber kann man den Blick gefahrlos schweifen lassen, auch in die Tiefe, wo sich die Albula durch die Schlucht zwängt, von Zeit zu Zeit die Eisenbahn durchrattert und der Verkehr pausenlos braust. Wir bedauern die in Blechkisten und Bahnabteilen Eingezwängten, denen jetzt das Erlebnis entgeht, einmal in einem richtigen kleinen Frühlingssturm zu wandern, der die Bäume ächzen und uns den Kopf einziehen lässt. Bald kommen wir zu einer Stelle, wo sich die informierten Wanderer von den uneingeweihten unterscheiden – in solche mit oder ohne Taschenlampe: Ein kleiner gebogener Tunnel, der gegen die Mitte zu für einen Augenblick stockdunkel wird, muss nämlich passiert werden und damit die einzige Stelle, die heute am Schynweg noch ein leichtes Gruseln erwecken könnte. Das Gelände verliert nun seine Schroffheit, und wir gelangen zu einer geschützten Waldlichtung, die zu einer Rast einlädt.

Etwas später zweigt links ein Wanderweg ab (Wegweiser), der uns über den Weiler Parnegl und dann am Kraftwerk vorbei nach Sils im Domleschg führen würde. Sils hat übrigens ein richtiges kleines Freilichtmuseum mit dem Schloss Baldenstein, der Burg Ehrenfels, die als Jugendherberge dient, sowie den sagenumwobenen Burgruinen Campi und Hohenrätien. Von letzterer soll sich einst ein Ritter samt entführtem Mägdelein und Ross in die Tiefen der Via Mala gestürzt haben, um sich dem Zugriff der wütenden Bauern zu entziehen.

Uns drängt es aber nicht zum Bahnhof Sils, und so bleiben wir auf dem alten Schynweg, der sich allerdings bald in eine für die Forstwirtschaft überbreit ausgebaute Naturstrasse verwandelt. Noch bevor wir Scharans, unser Wanderziel erreichen, sehen wir hoch oben am Berg die Spuren des Felssturzes von 1978, wo sich 150 000 Kubikmeter Material lösten und grosse Schäden am Wald anrichteten. Ob die Hexen wohl immer noch am Werk sind? Oberhalb des Dorfes befand sich nämlich ein Hexentanzplatz, wo die jungen, knackigen Hexen das Ressort Rüfen und Felsstürze zu «betreuen» hatten, während die alten gebrechlichen im Tal blieben und dort für Schäden in Haus und Stall verantwortlich waren.

Scharans macht einen stattlichen Eindruck. Das ist wohl nicht zuletzt der einst wichtigen Position am Eingang zum Schyn zu verdanken. An diese bewegten Zeiten erinnert noch das Haus Gees, das als Gasthaus für die durchziehenden Reisenden und Säumer diente. Es ist 1605 von Hans Ardüser, dem bekannten Davoser Lehrer und Maler, bemalt worden. Ardüser liess seiner Fantasie freien Lauf, bevölkerte die Fassade mit allerlei Getier, vom Einhorn, Hirsch, Vogel über den Elefanten bis zum Löwen, ja sogar eine nackte Jungfrau und eine Lautenspielerin sind zu bewundern.

Auf Scharanser Boden wirkten aber noch andere Berühmtheiten: Jürg Jenatsch, der Bündner Volksheld, begann hier 21jährig als Prädikant seine Laufbahn. Kaum hatte er die Stelle angetreten, stürzte er sich jedoch in die Politik, die seinem Naturell mehr entsprach als das fromme Leben eines Pfarrherrn. Und sogar mit einem kleinen Wunder kann die hübsche Domleschger Gemeinde aufwarten, wenn man den Aufzeichnungen des Pfarrers Nicolin Sererhard glauben will, der 1742 notierte: In Scharans «lieget Frau Margarete von Salis von Fürstenau begraben, welche vor ca. 100 Jahren 26 Stund, nachdem sie würklich todt gewesen und als Leich auf dem Brett gelegen, noch ein lebendiges Kind an die Welt gebohren hat».

Das einstige Passwegdorf am Alten Schyn ist heute vom Verkehr abgeschnitten, dafür aber zum bevorzugten Wohngebiet geworden. Während wir mit dem Postauto nach Thusis zum Bahnhof fahren und uns durch den pausenlosen Verkehrsstrom zwängen, können wir Scharans zu dieser Entwicklung nur beglückwünschen.

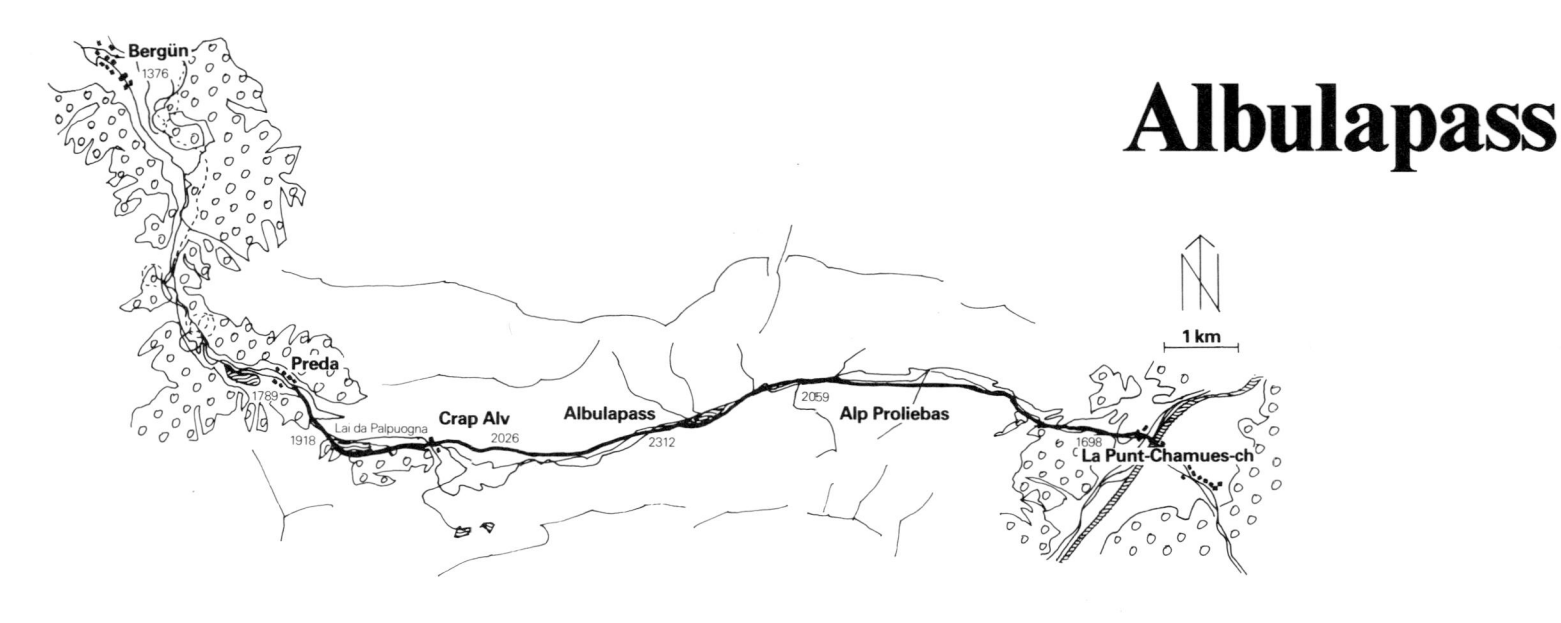

Albulapass

Über den seiner Lawinengefährlichkeit wegen gefürchteten Albulapass, die Verbindung zwischen dem Engadin und dem Albulatal, wurde einst täglich, Sommer und Winter, Wein, Reis und Korn befördert. Heute lockt der landschaftlich reizvolle Pass vor allem Autotouristen an. Nur wenige nehmen den Pass zu Fuss und auf den Spuren der alten Säumer in Angriff.

Als «heimliche Hochsaison» der Bündner bezeichnete letzthin eine deutsche Illustrierte die Herbstzeit. Und sie hat nicht einmal übertrieben, denn gerade wenn sich die Natur von ihrer farbenprächtigsten Seite zeigt, sind die Ferien der meisten Gäste zu Ende. Das bringt es mit sich, dass man die ganze Landschaft praktisch für sich allein hat, die oft schon verschneiten Bergspitzen und die in allen Farben leuchtenden Wälder, die sich vom jetzt tiefblauen und ganz klaren Himmel noch viel schöner abheben als zu jeder anderen Jahreszeit. Einen solchen Herbsttag haben wir abgewartet, um den Albulapass auf der «Via Imperiela», der «Reichsstrasse», wie der alte Weg aus historischen Gründen noch lange etwas hochtrabend genannt wurde, zu begehen, von La Punt-Chamues-ch im Engadin bis nach Preda im Albulatal. An dieser Wanderung reizte uns nicht nur das Naturerlebnis, sondern auch der Gedanke, dass der Albulapass schon in sehr früher Zeit, wohl schon im frühen Mittelalter, als beliebter, trotz seiner Gefährlichkeit bequemer und oft begangener Pass erhebliche Bedeutung besass. Wein-, Reis- und Kornfuhren waren es vorwiegend, die im Sommer und Winter über den Pass befördert wurden. Zeitenweise wurde der Albula sogar dem Septi-

Route:	La Punt-Chamues-ch–Alp Proliebas–Passhöhe–Crap Alv–Palpuognasee–Preda–Bergün
Wanderzeit:	La Punt-Chamues-ch–Albulapass ca. 2½ Stunden Albulapass–Preda ca. 1½ Stunden Preda–Bergün ca. 1½ Stunden
Karten:	Landeskarte der Schweiz, 1 : 25 000 Blatt 1237, Albulapass
Unterkunfts- und Verpflegungsmöglichkeiten unterwegs:	La Punt-Chamues-ch Albula Hospiz Preda Bergün
Anfahrt:	Mit Bahn oder Auto nach La Punt-Chamues-ch
Rückfahrt:	Von Preda oder Bergün mit der Bahn zurück nach La Punt

mer und dem Julier vorgezogen, da diese beiden Pässe oft gesperrt oder wegen des schlechten Zustandes ihrer Wege unbeliebt waren.

Nicht immer wurde der Albulapass allerdings mit friedlichen Absichten begangen: 1629 beispielsweise besetzte Graf Johann von Merode mit 40 000 Mann sämtliche Pässe ins Engadin, darunter natürlich auch den Albula. Im Gefolge dieses Kriegszuges brach dann in Graubünden schliesslich auch noch die Pest aus, die aus Ungarn eingeschleppt worden war: Schlafsucht, Erbrechen, Wahnsinn, unlöschbarer Durst, schwarze Beulen am Leib waren ihre Erkennungszeichen. Übrigens deutet der Name Merode an, was die Bergüner bei der Besetzung des Passes durchgemacht haben mögen, denn von der schlechten Disziplin in diesem Heer stammt der Ausdruck «marodieren», der seither für wildes und ungestraftes Rauben, Plündern, Brandschatzen und Morden in Kriegszeiten gebraucht wird.

Wo einst das Gebimmel der Glocken unzähliger Saumtiere, die Rufe und das Peitschenknallen der Säumer und gelegentlich das Klirren der Waffen durch die Stille der Bergwelt hallten, sind es heute die Motorengeräusche und das Hupen von Autowanderern, die den Pass gerne seiner landschaftlichen Schönheit wegen und trotz der keineswegs luxuriös ausgebauten Strasse auf vier Rädern in Angriff nehmen.

Aber an diesem Tag, es ist im Oktober, treten sogar sie nur spärlich in Erscheinung und lassen den Albula in Ruhe seinem Winterschlaf entgegenträumen. Bald wird er nämlich von einer meterdicken Schneeschicht bedeckt sein, um erst im nächsten Frühling oder Sommer wieder geöffnet zu werden.

Zu Säumerszeiten allerdings gab es in dieser Jahreszeit einiges zu tun. Kurz vor dem endgültigen Einschneien mussten die Ruttner, wie die Wegmacher hiessen, den Pass nochmals ablaufen und die durch Schnee, Sturm und Lawinen niedergerissenen drei bis vier Meter hohen Stangen am Wegrand, die den Säumern im Winter die Route wiesen, wieder aufstellen. Kommen heute auf anderen Pässen nach schweren Schneefällen der Schneepflug oder die Schneeschleuder lärmend zum Einsatz, so nahm man einst den Ochsen aus dem Stall, spannte ihn vor einen mässig beladenen Schlitten und brach mit diesem Gefährt einen Weg durch die Schneemassen. Natürlich wäre es zu aufwendig gewesen, mehr als jeweils eine Spur zu bahnen, was zur Folge hatte, dass von zwei sich begegnenden Tieren immer das eine auf die Seite hinaustreten musste. Nicht selten sank es dabei im ungetretenen Schnee bis zum Hals ein, und der Säumer hatte dann alle Mühe, sein Gefährt wieder flott zu machen. Wir jedoch sind froh, dass sich uns der Albula noch trocken und friedlich präsentiert – bereits eine Woche später hörten wir im Radio übrigens: «Gesperrt sind der Albula, ...»

Ausgangspunkt unserer etwa 4stündigen Wanderung ist das mit behäbigen alten Engadinerhäusern reich bestückte La Punt-Chamues-ch, das als besonderen Blickfang das zinnenbewehrte Albertini-Haus auf der rechten Seite des Inns aufzuweisen hat. «Ihr wohnt sicher in einem dieser prächtigen alten Engadinerhäuser?» werden Einheimische von Gästen gerne gefragt. Schön wär's! Viele alte Häuser haben schon längst Besitzer und sogar «Nationalität» gewechselt, sind total ausgekernt worden und mit allem, was zum «einfachen Landleben» gehört, ausgestattet: Mit Cheminée, Schwimmbad und Geschirrspüler. Auch in La Punt gibt es solche Häuser: Man erkennt sie an den geschlossenen Fensterläden, die sich meist nur über Weihnachten und Neujahr für kurze Zeit öffnen. Und aus dem Sulèr treten beileibe keine schmucken Engadinerinnen mehr in ihrer roten Sonntagstracht – das sieht man nur noch auf Postkarten...

Doch genug gelästert, wir lassen das Dorf jetzt hinter uns, wandern auf der Passstrasse über die Bahngeleise bis zur oberen Brücke, um dann den Weg in die Höhe zu finden. Er verläuft, es ist der alte Pfad, zuerst links dem Fluss entlang bis zu einer kleinen Brücke. Wir überqueren sie, um nach einigen Metern die Schlucht zu verlassen und zur Passstrasse hochzusteigen. Einige Kehren schneidend, kommen

65

Auf der Albulapasshöhe

wir auf eine Anhöhe und sehen vor uns die Alp Proliebas. Um zu ihr zu gelangen, steigen wir wieder links die Strasse ins Tobel hinab, setzen über ein Brücklein auf die andere Seite des Baches und wandern hoch zu den Gebäuden der Alp. Hinter diesen finden wir den markierten Wanderweg, der auf der linken Talseite zur Passhöhe führt. Zwischendurch legen wir ein paar Meter auf der Strasse zurück, bis wir, immer noch linkerhand der Strasse, wieder auf die rotweissen Markierungen stossen, erneut Höhe gewinnen und fernab vom Strassenlärm, auf Pfadspuren, manchmal auch auf gut Glück durch die karge, aber umso reizvollere Hochgebirgslandschaft zum Hospiz gelangen. Kein Mensch ist uns bis jetzt begegnet. Sogar die Kühe haben sich längst ins Tal zurückgezogen und einer Schafherde Platz gemacht, die sich gierig über die letzten, zum Teil schon gefrorenen Grasbüschel hermacht. Selbst der Wirt des

Hospizes hat seine Läden geschlossen. Uns soll es nicht besser gehen als den einstigen Säumern, denn auch sie fanden auf der Passhöhe weder Unterkunft noch Stärkung und mussten hier dennoch bei Wind und Wetter und zu jeder Jahreszeit im Freien die Waren umtauschen, denn in der Regel brachten die Säumer von Bergün oder Chamues-ch ihre Fässer, Säcke und Kisten nur jeweils bis zur Gemeindegrenze. Und da es keinen Unterstand gab, wo man die Waren hätte trocken lagern können, musste von beiden Seiten am selben Tag gefahren werden.
Uns aber zwingt an dieser wetterexponierten Stelle mit dem kleinen See nichts zu einem Halt und eiligen Schrittes versuchen wir, dem eisigen Wind zu entrinnen. Wir folgen dem Weg nun auf der rechten Strassenseite direkt hinter dem Hospizgebäude – es ist wieder der alte – durchs Val digl Diavel, das Teufelstal, das der Lawinen wegen gefürchtet war, wo

viele Säumerkolonnen unter riesigen Schneemassen begraben wurden und dadurch manche Familie ins Unglück stürzte. Weiter geht es zwischen ungeheuren Felstrümmern aus Granit und Kalkstein und über eine steile Geröllhalde, von der wir einen schönen Blick auf die Ebene unter uns haben, die einmal von einem forellenreichen See bedeckt war, der dann aber auslief oder versickerte. 1878 wollte der damalige Besitzer des Landes wieder Wasser um sich haben, als aber sein künstlicher See aufgestaut war und er noch etwas an der Schleuse reparieren wollte, krachte es plötzlich fürchterlich und die Wassermassen – es sollen vier Millionen Hektoliter gewesen sein – rissen Schleuse, Mauer und Teile des Dammes mit sich fort, ergossen sich wie eine Lawine ins Tal hinunter und rissen sämtliche Brücken weg...

Vorbei an einem eingefallenen Steinbrücklein des alten Weges gelangen wir sodann nach Crap Alv, auf deutsch Weissenstein, unsere nächste Zwischenstation. Hier stand einst das alte Bergwirtshaus, das 1654 erbaut wurde, die einzige Unterkunft zwischen Bergün und La Punt. Viele, die vom Engadin hereisten und von einem Unwetter überrascht wurden, erreichten es nicht mehr rechtzeitig. Der damalige Besitzer jedoch verbot, auf der Südseite gegen La Punt einen Unterstand zu errichten. Wir überqueren wieder die Passstrasse, steigen linkerhand gerade ins Tal und haben plötzlich das Traumausflugsziel vieler Naturfreunde vor uns: den Palpuognasee. Glasklar, still und grünblau liegt er da zwischen goldenen Arven und Föhren. Bis hierhin schickte einst die Brauerei Thusis ihre Pferdefuhrwerke in milden Wintern, um Nachschub für ihre Eiskeller zu holen.

Nach dem See, den wir links oder rechts umgehen können, folgen wir dem Wegweiser nach Preda, wo wir unsere Wanderung unterbrechen, nicht etwa weil man Preda gesehen haben muss, sondern weil demnächst ein Bummelzug halten wird, um uns ins Engadin zurückzubringen.

Den erst in neuerer Zeit angelegten Wanderweg nach Bergün sparen wir uns für ein nächstes Mal auf. Über die Etappe zwischen Bergün und Filisur aber müssen wir doch noch ein paar Worte verlieren. Die Filisurer Säumer hatten lange Zeit die undankbare Aufgabe, den sogenannten «Crap», den unpassierbaren Bergünerstein, hoch oben zu umgehen – ein mühseliger, gefährlicher Umweg von mindestens zwei Stunden. Eines Tages wurde daher beschlossen, einen Weg in den senkrechten Felsen zu sprengen, und diese Pioniertat ging prompt in die Geschichte des Strassenbaus ein: 1696 wurde in Graubünden nämlich zum ersten Mal Sprengpulver eingesetzt. Ein Zeitgenosse schildert das kühne neue Strassenstück: «Wenn man von Filisur auf Bergün reiset, so passiert man durch eine in einen Felsen, mit grossen Kosten eingehauene, ganz sichere Landstrasse; linker Hand hat man einen perpendicularen Felsen, und rechter Hand eine feste Mauer; da meynt der Reisende, er wandle auf einer schönen ebenen Strasse; wenn er aber auf die Mauer steht, so fällt ihn Schrecken und Schauer an, er sieht etliche Kirchenthürme hoch in eine finstere tiefe Kluft zwischen zwey Bergen hinunter und hört den Albular-Fluss in dieser förchterlichen Tiefe daher rauschen.» Der Bau der durchgehenden Julierstrasse im Jahre 1840 legte den Saumverkehr über den Albula schliesslich nach und nach lahm. Einen kurzen Aufschwung brachte zwar noch die Postkutschenzeit, die aber 1903 mit der Eröffnung der Bahnlinie ebenfalls zu Ende ging. Die Bewohner des Albulatales, die sich plötzlich von einer bedeutenden Verdienstquelle abgeschnitten sahen, stellten sich, weltoffen wie sie durch den Passverkehr geworden waren, bald auf den Fremdenverkehr um. Hätten die Engadintouristen zur Postkutschenzeit bei der Vorstellung, hier die Ferien zu verbringen, noch die Nase gerümpft, so hat sich dies heute gewandelt: Immer zahlreicher sind die Gäste, die sich im waldreichen Albulatal erholen – im Sommer beim Wandern und im Winter beim Skifahren und Langlaufen, und zumindest was die Sgraffitopracht an den Häusern anbelangt, wähnen sie sich manchmal sogar beinahe im Engadin...

Septimerpass

Einst rasteten hier Könige und Kaiser, kirchliche Würdenträger, Pilger und Studenten, Geschäftsleute und Fuhrmänner, ja ganze Heere. Noch heute weht der Duft der grossen weiten Welt durch diesen Ort, allerdings meist nur kurz: Adelige des Blutes und des Geldes, Jet-Setter und die Stars aus dem internationalen Showbusiness streben Höherem zu, dem verheissungsvollen Engadin nämlich, und würdigen das ehemals über die Landesgrenzen hinaus bekannte Dorf kaum eines Blickes. Von Bivio, dem höchstgelegenen Dorf im Oberhalbstein, ist die Rede. «Bi-vio» heisst soviel wie Scheideweg, denn hier nimmt nicht nur der Julier seinen Ausgang, sondern auch ein Pass, der schon von den Römern benutzt wurde und zwischen dem 9. und 15. Jahrhundert der angesehenste Alpenübergang für den Handel und Verkehr zwischen Nord und Süd überhaupt war: der Septimer. Über ihn wurden auf Pferderücken und später auch auf Rädern Wolltuch, Seide, Leinen und Baumwolle, Gewürze, Parfums, Räucherware für den Gottesdienst, Metallwaren, Rinderhäute und Hörner, aber auch Stockfisch, Getreide, Käse und Vieh, kurzerhand alles, was zwischen Nord und Süd gehandelt wurde, transportiert.

Wer aber redet heute noch vom Septimer? Ist es nicht erstaunlich, dass ein so berühmter Pass seine Bedeutung völlig eingebüsst hat? Schon zu seiner Blütezeit wurde ihm seine Vorrangstellung allerdings immer wieder streitig gemacht. Da war einmal die Eröffnung der neuen Gotthardroute um 1220, dann liess aber auch der schlechte Zustand der Strasse die Kaufleute immer wieder auf andere Routen ausweichen. Der daraus folgende Ausfall an Fuhrlöhnen, Zoll und Sustgebühren und sonstigen Einnahmen führte dazu, dass sich Jakob von Castelmur als Beauftragter des Bischofs von Chur 1387 verpflichtete, «ainen Weg zu machen und ze buwen, als daz man mit Wagen wol und sicher darüber faren mag». Damit war der erste befahrbare Alpenübergang im Bündnerland erstellt, und der Bischof von Chur, durch dessen Gebiete die sogenannte

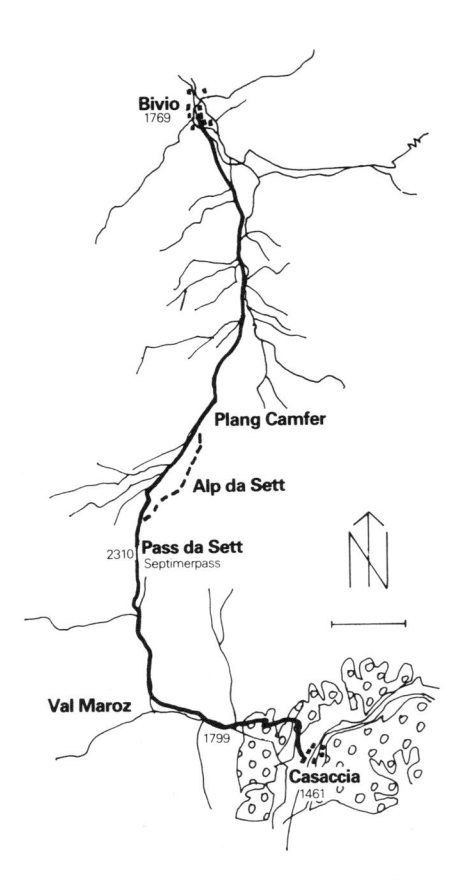

Route:	Bivio–Tgavretgatal–Plang Camfer–Alp da Sett–Pass da Sett (Septimerpass)–Val Maroz–Casaccia
Wanderzeit:	Bivio–Septimerpass ca. 3 Stunden Septimerpass–Casaccia ca. 2 Stunden
Karten:	Landeskarte der Schweiz 1: 25 000 Blatt 1256, Bivio Blatt 1276, Val Bregaglia
Unterkunfts- und Verpflegungsmöglichkeiten unterwegs:	Bivio Casaccia
Anfahrt:	Mit Postauto oder Auto nach Bivio
Rückfahrt:	Mit Postauto von Casaccia über Maloja und Julierpass zurück nach Bivio

«Obere Strasse» führte, nämlich über die Lenzerheide, durchs Oberhalbstein, über den Septimer und durchs Bergell, hörte das Geld wieder in den Kassen klingeln. Doch auch die Kaufleute wussten zu rechnen, und da am Septimerweg an allen Porten neben den sonstigen Gebühren nun auch noch ein Weggeld erhoben wurde, bevorzugten sie bald wieder den zwar gefährlicheren, aber dafür billigeren Splügen. Ganz empfindlich getroffen aber wurde der Septimer, als durch die Via Mala 1473 eine Strasse gebaut wurde und damit der Zugang zum San Bernardino und Splügen erheblich erleichtert wurde. Im Verlauf des 17. und 18. Jahrhunderts benutzte man den Septimer immer seltener, was sich natürlich auf den Zustand der Strasse auswirkte. Ein Strasseninspektor, der den Pass 1813 abschritt, hatte vor allem über den Abstieg nach Casaccia nicht viel Gutes zu berichten: Die «Besetze» sei rauh, voller Löcher und Wasser, eine Brücke in die Tiefe gestürzt, ungeheure Steinbrocken lägen in und neben dem Weg. Als 1840 dann noch die Strasse von Chur über den Julier ausgebaut wurde, war das Schicksal des geschichtsträchtigen Septimerpasses endgültig besiegelt.

Um so mehr weiss der moderne Wanderer den einst so berühmten und heute so einsamen Übergang, der streckenweise auf dem alten Pfad begangen werden kann, zu schätzen. Am besten beginnt man in Bivio, dessen dörfliche Schönheiten übrigens nur von Snobs übersehen werden können. Unser Passweg biegt am Ende des Dorfes rechts ab und zieht gemächlich hoch ins Tgavretgatal, das sich Mitte Juni – die Heuernte hat noch nicht begonnen – von seiner schönsten Seite zeigt. Noch selten haben wir Naturwiesen von solcher Üppigkeit und Farbenpracht gesehen. In den Wiesen eingebettet und am Ufer des rauschenden Baches setzen alte Häuser und Ställe Akzente. Gerne verweilten wir ein wenig in diesem friedlichen Tal, wo die Welt noch heil zu sein scheint, würde nicht aus jedem Gehöft irgendeine Strassenmischung schiessen, um uns misstrauisch knurrend zu umschleichen oder wütend zähnefletschend anzukläffen. Am Talende, wo der Weg zu steigen beginnt, weist ein Fahrverbot allfällige Autowanderer endgültig in die Schranken. Der Blick in die überraschend auftauchende Schlucht, die der Bach in jahrtausendelanger Arbeit gegraben hat, lenkt uns von der kleinen Anstrengung ab, und schon bald stehen wir am Anfang des Plang Camfer, einer grossen Ebene, die man hier oben in der Bergwelt kaum erwartet. An ihrem Ende sehen wir links von der heutigen Route abzweigend ganz deutlich den Verlauf der sogenannten Castelmurstrasse, die 1387 im Auftrag des Bischofs zwischen Tinizong und Plurs gebaut wurde und in der Landeskarte noch streckenweise eingezeichnet ist. Wir lassen es uns nicht nehmen, dieser Route nachzugehen, denn unser Ziel ist es ja, möglichst auf den alten Pfaden zu wandern. Es wird zu einem Erlebnis, denn mit saumpfadsensibilisiertem Blick und detektivischem Gespür stossen wir dort, wo die alte Strasse selbst überwachsen oder weggeschwemmt ist, im Gelände immer wieder auf Indizien und Hinweise für ihren Verlauf. Verirren kann man sich übrigens nicht, sieht man doch das Ziel, die Passhöhe, ständig vor sich.

Wer aber einen gut ausgebauten Weg vorzieht, setzt seine Wanderung am Ende der Ebene auf dem markierten Pfad fort, der sich über die Alp da Sett zum Pass da Sett hinaufzieht, wo unweit der Passhöhe bei Ausgrabungen die Grundmauern des ehemaligen Hospizes St. Peter entdeckt wurden. Der Bischof von Chur und die Gemeinde Bivio unterhielten hier einst einen Mönch oder Rektor, der schwören musste, «Arme und Reiche in Nöten aufzunehmen und zu fördern, d. h. jeglichen Menschen, der auf den Septimer kommt und wegen eines einfallenden Ungewitters nicht weiter kann, bei sich im Hause zu haben, ihm Essen und Trinken zu geben und ihn bleiben zu lassen, bis derselbe allein oder mit Hilfe vorwärts kommen mag. Hat solcher Geld, so soll er dafür bezahlen, hat er keines, deshalb nicht geschmäht werden». Im 16. Jahrhundert ging die Herberge jedoch ein, und allerlei Gesindel nistete sich in den verlassenen Gemäuern ein. Manche Reisende, die hier ahnungslos Schutz suchten, wurden beraubt, ermordet und anschliessend verscharrt. Nicht von ungefähr trugen die Säumer immer einen Hammer mit sich, mit dem sie die Hufe ihrer Pferde beschlugen, die Reifen an den Fässern befestigten, aber wenn nötig auch einmal kräftig und wehrhaft zuzuschlagen wussten.

Nun steht uns der steile Abstieg ins Tal bevor. Befriedigt beobachten wir, dass die meisten Mitwanderer andere Pläne haben als wir. Einige wenige steigen von hier aus nach rechts über die Forcellina nach Juf, dem höchstgelegenen ganzjährig bewohnten Bündnerdorf. Die meisten streben aber nach Maloja im Oberengadin, das man von hier aus nach links abzweigend über den Pass Lunghin erreicht. Uns dagegen erwarten nun alte Wegspuren in Hülle und Fülle, und wir sind immer wieder erstaunt über die Leistungen der einstigen Strassenbauer und bewundern den Mut der früheren Reisenden, die den rauhen Pass bei Sturm und Regen, Schnee und Eis begangen haben. Was bedurfte es nur für Kräfte und Mittel, die Strasse zu unterhalten! Aber obwohl die Septimerordnung aus dem Jahre 1498 gebot, dass man «in allen porten die strass mit weg steg und brucken in guoten eren halten» sollte «und trülich werchen von morgen byss am abend», damit «die koufflüt nit ze klagen habind», so mussten die mit dem Strassenunterhalt betrauten Wegmacher manchmal einfach kapitulieren. Eine Familie, welche einst Ende Oktober von einem Besuch in Soglio nach Chur zurückkehren wollte, wurde zehn Tage lang von einem Schneesturm in Casaccia zurückgehalten, weil die Ruttner nicht imstande waren, die enormen Schneemassen auf dem Septimer zu durchbrechen.

Vom Hochplateau zwischen dem Piz Forcellina und dem Motta da Sett geht es zuerst durch eine Art Schlucht bis zum Sascell und dann in vielen Kehren, an prächtigen Alpenrosenbüschen und an einem Wasserfall vorbei, ins Val Maroz hinunter. Heilfroh sind wir, uns auf unsere eigenen Füsse und nicht auf diejenigen eines Reitpferdes oder gar auf wacklige Wagenräder verlassen zu müssen! Ende des 15. Jahrhunderts dürfte es den Reisenden ganz ähnlich zumute gewesen sein: «Beim Herabsteigen konnte man nicht zu Pferde bleiben, sondern jeder stieg ab. Der Abstieg war so steinig und beschwerlich», liest man in einem Reisebericht aus jener Zeit. Plötzlich sehen wir die Säumer ganz deutlich vor uns, wie sie die Pferde, die zwischen 150 und 250 kg Waren auf dem Rücken zu tragen pflegten, vorsichtig und mit beruhigenden Worten den Pfad hinunterführen. Aber es gab doch früher keine weiblichen

Ruttner an der Arbeit

Säumer? Haben wir Halluzinationen? Doch da stellt sich unser Traumbild als eines aus Fleisch und Blut heraus: Es ist ein junges Paar, das uns mit drei Pferden überholt, eines davon mit Proviant und Decken bepackt, die beiden anderen gesattelt – ein lebendiger Beweis dafür, dass der Septimer noch immer gesäumt werden kann. Die Forcellina schien ihnen übrigens ebenfalls keine Schwierigkeiten bereitet zu haben, denn über diesen Pass kamen sie von Avers her, wie wir erfahren. Ob sich wohl eine neue Entwicklung abzeichnet und man beginnt, zum Vergnügen wieder über die Pässe zu säumen? Im Val Maroz unten steigt das moderne Säumerpaar auf die Pferde, während das Packpferd folgsam hinterhertrabt. Auch wir hätten hier gerne des Schusters Rappen mit einem echten getauscht, denn nun geht es über ein fahrbares Strässchen in vielen Kehren durch den Wald nach Casaccia hinunter. Wir kürzen zwischen den Kurven immer wieder ab und stossen prompt auf versteckte und überwachsene Spuren des alten Weges.

In Casaccia, wo der Septimerweg mit der Malojaroute zusammentrifft, besuchen wir die gotische Gaudentiuskirche etwas oberhalb des Dorfes, der einst ein Hospiz angegliedert war. Zu sehen sind zwar nur noch ein paar Ruinen, doch regt die Gründungsgeschichte der Kapelle die Fantasie an: Der heilige Gaudentius wurde im Bergell lange Zeit als Talheiliger verehrt, gegen Ende des 4. Jahrhunderts jedoch in Vicospoprano von den Heiden enthauptet, worauf er seinen Kopf unter den Arm nahm und ihn nach Casaccia an jene Stelle trug, wo man ihm zu Ehren später die Kapelle erbaute.

Nach einer Stärkung, bestehend aus Coppa und einem Schoppen Veltliner, lassen wir uns schliesslich mit dem Postauto bequem über den Maloja und Julier an den Ausgangsort unserer Wanderung zurückbringen. Dem Dorf Bivio sind wir an dieser Stelle übrigens noch eine Korrektur schuldig. Der Septimer habe seit dem 18. Jahrhundert seine Bedeutung völlig eingebüsst, schrieben wir eingangs. Nicht so für den Verkehrsverein Bivio, der 1981 erstmals begonnen hat, dieser historischen Sehenswürdigkeit ihre Berühmtheit zurückzugeben. Im Sommer rief er Wanderlustige auf, den schon vor 2000 Jahren begangenen Pass im Rahmen einer «Historischen Septimer-Wanderung» hinter einer Saumtierkolonne zu bezwingen. Über 400 Leute aus der ganzen Schweiz folgten diesem Aufruf und sollen es nicht bereut haben.

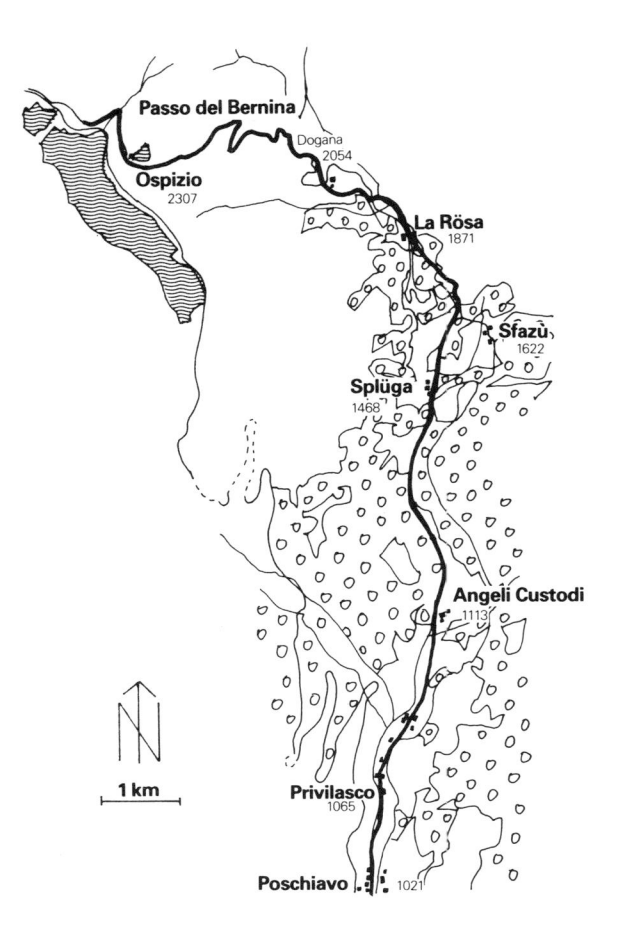

Berninapass

Zu den schönsten Tälern Graubündens gehört das Puschlav – oder wie es wohltönender klingt la Valle di Poschiavina –, das wie eine Halbinsel in unser südliches Nachbarland hineinragt. Der Berninapass verbindet das abgelegene Tal mit dem Engadin, und diesem Pass, der wahrscheinlich schon von den Römern begangen, ganz sicher aber im Mittelalter von Säumerzügen rege benutzt wurde, gilt unsere Aufmerksamkeit. Einmal wollen wir ihn weder per Auto noch per Berninabahn bezwingen, sondern zu Fuss – wenigstens von der Passhöhe bis ins Tal hinunter – den Spuren der alten Säumer folgen, die auf der sogenannten «Weinstrasse» vor allem Wein aus dem Veltlin ins Engadin und dann weiter über Albula oder Scaletta in den Norden transportierten. Viel Verkehr brachten ferner die Silberbergwerke im Val Minor mit sich. Dort soll es, wie man einem Knappenbuch entnehmen kann, anno 1481 mehr als zwei Dutzend Gruben gehabt haben. Dass sich das Passgelände heute als karge, öde Rundhöckerlandschaft präsentiert, hat man übrigens wahrscheinlich diesem Bergbau zu verdanken. Man vermutet nämlich, dass der Berninapass in früher Zeit über die Wasserscheide hinaus beinahe bis zur Passhöhe bewaldet war. Den Lehensleuten der Alpen im Val Minor scheint es auf jeden Fall ein leichtes gewesen zu sein, dem Bischof von Chur eine jährliche Abgabe von «zwei Stär Arvenzapfen» zu entrichten ...

Für unsere Wanderung auf alten Pfaden stehen uns gleich zwei Möglichkeiten offen: an der Alp Grüm, dem vielgerühmten Aussichtpunkt am Palügletscher, vorbei und durch das Cavagliatal nach Poschiavo – eine allzu bekannte Route. Wir wählen daher die zweite Variante, den älteren Weg, der durch den Camin ins Val Agoné über La Motta und La Rösa talabwärts führt. Den Ausgangspunkt, das Bernina-Hospiz, erreichen wir mit der Berninabahn und steigen von der Station «Bernina Hospiz» gleich mit ganzen Heerscharen von Ausflüglern zu den Gasthäusern an der Strasse hinauf. Wie sich bald herausstellt, gilt ihr Streben jedoch nicht dem Wandern, sondern einem Glas Veltliner im Hospiz, dem schon

Route:	Bernina Hospiz–Berninapasshöhe–Zollhaus La Motta–Alp La Motta–Lareit–La Rösa–Aqueti–Sfazù–Spluga–Permunt–Angeli Custodi–San Carlo–Privilasco–Martin–Poschiavo
Wanderzeit:	Bernina Hospiz–La Rösa ca. 1½ Stunden La Rösa–Sfazù ca. ¾ Stunden Sfazù–Poschiavo ca. 2¼ Stunden
Karten:	Landeskarte der Schweiz 1:25 000 Blatt 1278, La Rösa
Unterkunfts- und Verpflegungsmöglichkeiten unterwegs:	Bernina Hospiz La Rösa Sfazù Poschiavo
Anfahrt:	Mit der Bahn bis Bernina Hospiz
Rückfahrt:	Mit der Bahn von Poschiavo zurück nach Bernina Hospiz oder bis Pontresina

der Dichter Emile Zola (1899), der Künstler Giovanni Giacometti (1902), der griechische Kronprinz mit Gefolge (1917) und natürlich unzählige weniger Prominente die Ehre erwiesen haben. Andere erklimmen wenigstens den nächsten Alibihügel, um von dort auf die Seen oder ins Puschlav hinabzublicken oder per Feldstecher gemsenjagend den Piz Campasc abzusuchen, der seit etwa 60 Jahren ein Wildasyl beherbergt. Noch Sportlichere schaffen es schliesslich gerade bis zum Strassenschild «Bernina Hospiz», um sich dort, als hätten sie einen Gipfel erklommen, hochstaplerisch fürs Fotoalbum ablichten zu lassen. Wir aber kehren dem Rummel, der an Wochenenden beängstigende Ausmasse annimmt, den Rücken und gehen auf der linken Strassenseite vom Hospiz aus am Ufer des Lagh da la Cruseta entlang, wo einst die «Niederlag» war. Bis hierhin brachten die Säumer von Poschiavo respektive diejenigen von Samedan oder Pontresina ihre Waren, um sie bei Wind und Wetter im Freien umzuladen und ihren Kollegen von ennet dem Berg anzuvertrauen. «Kein Bürger soll auf dem Pass Warensendungen oder Fässer öffnen, Wein daraus trinken oder sich fremde Waren aneignen oder in Empfang nehmen», befahl die Gemeinde Poschavio damals wohlweislich. Nun, diese Zeiten sind längst vorbei, und wenn an dieser Stelle noch etwas lagert, dann sind es die Abfälle von umweltunbewussten Picknickern. Das kurze Stück bis zur Passhöhe auf 2328 Meter Höhe legen wir rasch zurück, überqueren die Strasse und suchen, vom kleinen Autoausstellplatz aus, die rotweissen Markierungen an Steinen und Felsen, die uns den Weg in die Tiefe weisen, über den ein Reisender einst meckerte, er bestehe nur aus «einem steilen Fusssteige». Kaum zu glauben, dass der heute überwachsene Weg hinunter zur Ebene bei Palü Grande und durch sumpfigen Grund nach Palüeta einst von 200 bis 300 Saumpferden wöchentlich begangen wurde. Nun kündet sich auch schon wieder die Passstrasse mit ihrem unvermeidlichen Motorenlärm an. Viel gäben wir dafür, statt dessen Pferdegetrappel und die rauhen Stimmen der Säumer zu hören und würden sogar die mit Salmiakduft und Schweiss parfümierte Luft gern in Kauf nehmen.

Schweiss floss einst nicht nur der Anstrengung wegen in Strömen, sondern auch aus Angst vor allerlei Naturgewalten, vor denen Menschen und Tiere selbst im Sommer nicht sicher waren. So berichtet eine Chronik aus dem Jahre 1779: «Nach einem zwei oder drei Tage dauernden Regen entfesselte sich auf dem Berg ein furchtbarer Schneesturm. Die Säumer und Reisenden, die nach dem Engadin unterwegs waren, mussten die Pferde von den Lasten befreien und fluchtartig zurückkehren. Wer davonkam, hatte erfrorene Füsse und Hände sowie Kälteschäden im Gesicht.»

Doch schweifen wir nicht ab, denn gerade jetzt sollten wir uns besonders auf die Wanderroute konzentrieren, die Passstrasse keinesfalls betreten, sondern uns rechts halten und einen steilen, aber gefahrlosen Pfad durch eine kleine Schlucht unter die Füsse nehmen. Erst dann überqueren wir die Strasse und haben schon bald das Zollhaus La Motta vor uns, wo viele Schweizer Automobilisten auf ihre Einfahrt ins Val Livigno warten, ein Zollfreigebiet, in dem man sich günstig mit Spirituosen, Parfums, Textilien und ganzen Skiausrüstungen versorgt und die Zöllner bei der Ausreise dann möglichst über die verschiedenen Einkäufe im unklaren lässt. Doch diese kennen ihre Pappenheimer... Uns lässt das Konsumparadies Livigno für einmal kalt. Die misstrauischen Blicke der Grenzwächter im Rücken, passieren wir direkt vor dem Zollhäuschen die Livignostrasse und sind Gott sei Dank bald aus dem Blickfeld der Uniformierten.

Ein paar Worte zur Landeskarte 1:25 000 «La Rösa» sind jetzt überfällig, denn von der Passhöhe bis hierhin ist der Pfad streckenweise nicht eingezeichnet, obwohl im Gelände immer einigermassen gut als Wanderweg markiert. Fortan aber finden wir ihn zu unserer Erleichterung auch auf der Karte. Bis zur Berninastrasse und dort zur Alp La Motta, durch schöne Wiesen nach Lareit und weiter bis La

Rösa schlängelt er sich. La Rösa, das seinen Namen den in der Umgebung wuchernden Alpenrosen verdankt, wurde von C. F. Meyer sogar in einem Gedicht besungen:

La Röse

Als der Bernina Felsentor
Durchdonnerte der Wagen
Und wir im Süden sahn empor
Die Muschelberge ragen,
Blies schmetternd auf dem Rößlein vorn
Der in der Lederhose –
«Wen grüßest du mit deinem Horn?»
«Die Rose, Herr, die Rose!»

Mit flachem Dach ein Säulenhaus,
Das erste welsche Bildnis,
Schaut Röse, weinumwunden, aus
Erstarrter Felsenwildnis –
Es ist, als ob das Wasser da
In weichern Lauten tose,
Hinunter nach Italia
Blickt der Balkon der Rose.

Nun, Herz, beginnt die Wonnezeit
Auf Wegen und auf Stegen!
Mir strömt ein Hauch von Üppigkeit
Und ew'gem Lenz entgegen –
Es suchen sich um meine Stirn
Zwei Falter mit Gekose –
Den Wein bringt eine junge Dirn
Mit einer jungen Rose.

Noch einmal darf in südlich Land
Ich Nordgeborner wallen,
Vertauschen meine Felsenwand
Mit weißen Marmorhallen.
Gegrüßt, Italia, Licht und Lust!
Ich preise meine Lose!
Du bist an unsrer Erde Brust
Die Rose, ja die Rose!

Aber auch die Säumer wussten den von der Architektur her bereits südlich angehauchten Ort zu schätzen, fanden sie doch hier Stärkung und konnten die Pferde wechseln, wovon die grossen verlassenen Ställe noch heute Zeugnis ablegen.

Ein Stück alter Pfad, der geschickt und geradezu abenteuerlich im steilen, vom Gletscher abgeschliffenen Fels angelegt ist, steht uns nun bis Aqueti bevor. Es gibt einige ziemlich enge und exponierte Stellen, und vielleicht hat sich folgende überlieferte Geschichte, die den freiheitsliebenden Bündner charakterisiert, hier zugetragen: «Ich bin ein freier Bündner», donnerte ein Säumer auf schmalem Felsensteig des Berninapasses dem österreichischen Kaiser und Kriegshelden Leopold I. zu, als dieser ihm befahl auszuweichen. Der Fürst gab sich zu erkennen und wiederholte seinen Befehl. Kurzerhand riss ihn der Säumer mit den Worten «Und auch ich bin ein Fürst!» vom Pferd und in den Schnee...

Von Aqueti aus folgen wir dem markierten Wanderweg, bis wir kurz vor Sfazù, wo man die Wanderung übrigens abbrechen und mit dem Postauto zum Hospiz zurückfahren kann, auf die Passstraße gelangen und einige Meter auf Asphalt zurücklegen. Rechts von der Strasse stossen wir auf eine Lichtung, die Rüfe und Weide von Zarera, über die wir zu einem geteerten Fahrweg gelangen. Die verstreut herumliegenden Felstrümmer sind in erster Linie auf den grossen Bergsturz vom 13. Juni 1486 zurückzuführen, der den Weiler Asareda, eine beliebte Haltestelle für Fuhrleute und Wanderer, verschüttete und 300 Menschen unter sich begrub. Nach der Sage soll dies das Strafgericht für die Gottlosigkeit seiner Bewohner gewesen sein, ein richtiges Schelmenpack, das die Reisenden nach Strich und Faden betrog und sogar die Zähne der Pferde mit Seife bestrich, damit diese das bezahlte Heu nicht fressen konnten...

An zwei einsamen Häusern gabelt sich nun unser Weg. Wir biegen rechts ab und haben bald eine besonders reizvolle Etappe vor uns. Unerwartet begegnen wir im Sommerdörfchen Spluga einem typi-

schen «Puschlaver», dem Trullo, einem bienenkorbartigen, über einer Quelle errichteten Milchkeller. Es ist ein in seiner Einfachheit geradezu genialer Kühlraum. In seinem Innern verläuft der Wand entlang eine künstlich angelegt Erdmulde, in die das aus einem Schlitz in der Wand einsickernde Quellwasser fliesst und die Milchgefässe permanent kühlt.
Durch die wildromantische, düstere Schlucht des Poschiavino geht es weiter zur fruchtbaren Puschlaver Talstufe hinunter, über Permunt und Angeli Custodi bis San Carlo, wo wir bei der Milchhalle rechts abzweigen, um über Privilascio und Martin, an vielen alten Bauernhäusern vorbei, Poschiavo zu erreichen.

«Poschiavo ist an sich einer der besten Orte in Bünden, ein schöner und wohlgebauter und konsiderabler Hauptflecken», beschrieb ein Chronist Mitte des 18. Jahrhunderts das Dorf. «Die starke Niederlag der Reisenden, die zu Puschlav ist, da manche Nacht etlich hundert Pferd und Ochsen pernoctieren, tragen ihnen ein nahmhaftes ein.»

Dem ersten Teil dieses Lobliedes kann man auch heute noch bedenkenlos zustimmen. Poschavio mit seinen prächtigen Patrizierhäusern, hübschen Gassen und vielen kirchlichen Bauten ist stattlich wie eh und je. Dass die Zeiten nicht immer so glanzvoll waren wie zur Blüte des Saumverkehrs, daran erinnert das kuriose, von Rückwanderern erbaute Spagnolenviertel. Die Auswanderung fand einst in grossem Stil statt. Als Zuckerbäcker, Likörfabrikanten und Cafétiers versuchten viele Puschlaver ihr Glück im Ausland. Ausgewandert wird übrigens noch immer, heute allerdings nicht mehr nach Italien, Frankreich, Spanien oder Übersee, sondern in die Schweizer Industriekantone. Noch vermag der aufstrebende Tourismus im Tal nicht allen Einheimischen Arbeit zu bieten.

Unser ausgedehnter Gassenbummel hat uns durstig gemacht. Im Café an der Piazza genehmigen wir uns einen Espresso und lassen uns von der friedlichen Atmosphäre bezaubern, bis unser Blick auf den mittelalterlichen Torre fällt: Hier also wurden die berüchtigten Puschlaver Hexenprozesse durchgeführt, allein zwischen 1672 und 1676 etwa 100, meistens gegen Frauen und Mädchen. 60 Personen wurden enthauptet, 20 verbrannt, 7 mit Geldstrafen belegt und 7 freigelassen, ist in den Akten nachzulesen. In 59 Fällen wurde das Vermögen konfisziert, und 89 Personen machte man durch Folterung geständig.

Langsam macht sich bei uns eine gewisse Müdigkeit breit, denn immerhin haben wir uns von der Passhöhe bis Poschiavo innerhalb von etwa 4½ Stunden einen Höhenunterschied von 1300 Metern zugemutet.

Genüsslich lassen wir uns mit der höchsten Bahn, die über die Alpen fährt, ins Engadin zurückbringen, wobei wir bis zur Passhöhe ungefähr der Route entlangfahren, die von den Säumern 1729 wegen Lawinengefahr aufgegeben wurde. Zurück im Engadin, begiessen wir unseren schönen und abwechslungsreichen Wandertag schliesslich noch mit Veltliner, der zwar schon auf 1000 Metern geniessbar sein soll, der aber auf 1800 Metern Höhe noch unvergleichlich besser ist. Übrigens tragen wir damit etwas zur Rückeroberung des Veltlins bei: Seit die Bündner vor etwas mehr als 160 Jahren dieses Tal an Italien verloren, versuchen sie unentwegt, es literweise zurückzuerobern, wobei ihnen eine ganze Armee freiwilliger «Söldner» – wir eingeschlossen – nach Kräften (und Durst) behilflich ist...

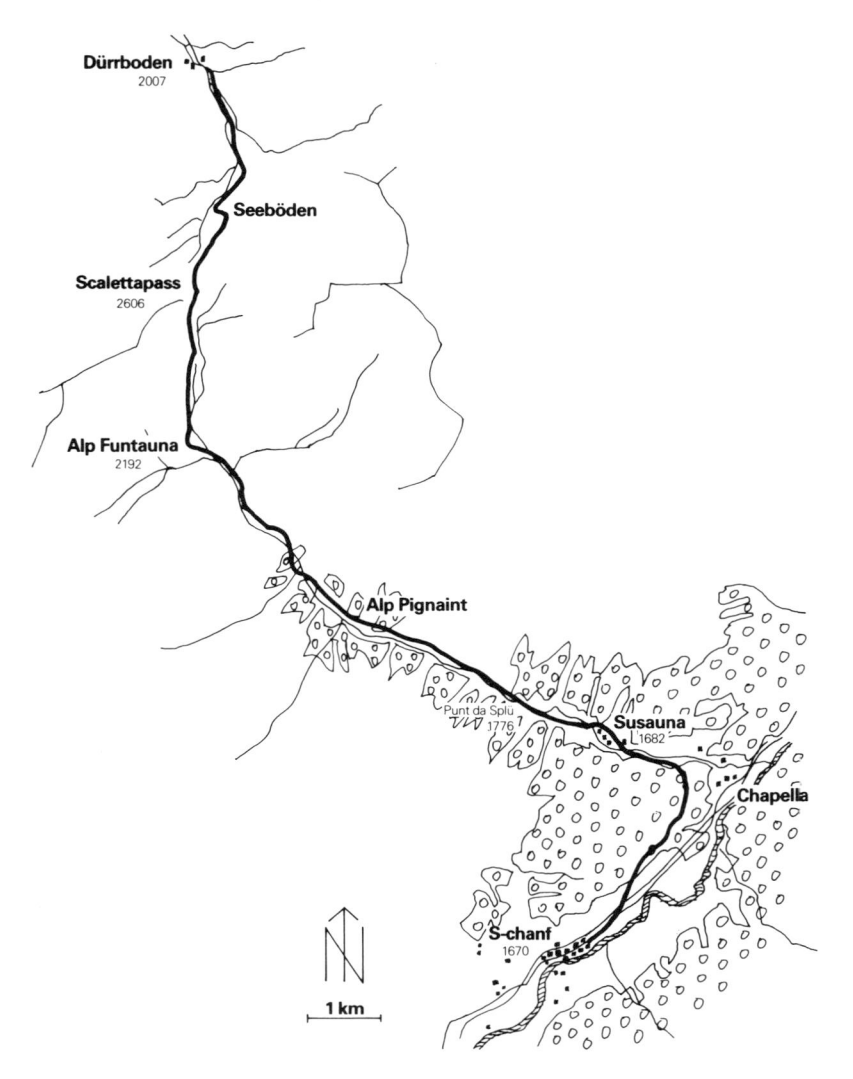

Scalettapass

Fast bis Ende des letzten Jahrhunderts gehörte der Scalettapass zu den vielbenützten Pässen im bündnerischen Hochgebirge. Zähe Saumpferde, begleitet von kraftstrotzenden Säumern, schleppten vor allem Weinfässer über den rauhen und heimtückischen Berg.

«Die allerschlimmste Bergstrasse der ganzen Schweitz und im Bündner-Land geht über den Scaletta-Berg, aus dem Engadin auf Davos in das Brettigäu. Da hat man 9 Stunden über einen stotzigen Berg zu reisen, und man findt in dieser Zeit kein Haus, sondern nur eine schlechte Wohnung im dürren Boden», berichtet ein Reisender im 18. Jahrhundert. Ein anderer fand auf der Höhe des Scalettapasses «nichts als Schnee und Eis, die ein weitläufiges von grässlichen Schlünden durchschnittenes Eisfeld vorstellen.» Beliebt war der Pass, über den eine steile, treppenartig angelegte und mit Steinen gepflasterte Strasse (Scaletta heisst Treppe) geführt haben soll, schon gar nicht im Winter. Um ja keine Lawinen durch irgendwelche Geräusche auszulösen, umwickelten die Säumer sogar den Klöppel in der Glocke des Leittiers mit Stroh und zogen so lautlos durch die gefährdeten Gebiete. Trotzdem kamen sie allzuoft nicht ungeschoren davon: So erlitten im Jahre 1771 an einem einzigen Tag 12 Pferde und 10 Mann den weissen Tod, worauf im Sterberegister wieder einmal der lakonische Vermerk eingetragen wurde: «Am Scaletta geblieben...». Und dennoch gehörte dieser Pass zu den meistbenutzten im bündnerischen Hochgebirge und galt insbesondere als Weinstrasse, wurden doch über den Scaletta die guten Weine aus dem Veltlin, aber auch Obst, Kastanien, Mais und Reis transportiert. Erst 1868, als eine neue Strasse über den Flüelapass, die harte Konkurrenz des Scaletta, gebaut wurde, kam der Saumpfadverkehr zum Erliegen.

Eine Wanderung vom Engadin bis nach Davos dauert zwar immer noch 9 Stunden, sie entbehrt jedoch aller Schrecknisse vergangener Zeiten. Als Ausgangspunkt wählen wir S-chanf, wo wir übernachten, um in aller Frühe in Richtung Unterengadin

Route:	S-chanf–Susauna–Alp Pignaint–Alp Funtauna–Passhöhe–Dürrboden
Wanderzeit:	S-chanf–Susauna ca. 1¼ Stunden Susauna–Alp Funtauna ca. 2¼ Stunden Alp Funtauna–Scalettapass ca. 1¼ Stunden Scalettapass–Dürrboden ca. 1½ Stunden Dürrboden–Davos ca. 3 Stunden
Karten:	Landeskarte der Schweiz 1 : 25 000 Blatt 1238, Piz Quattervals Blatt 1217, Scalettapass
Unterkunfts- und Verpflegungs- möglichkeiten unterwegs:	S-chanf Dürrboden Davos
Anfahrt:	Mit Bahn oder dem Privatauto nach S-chanf (übernachten)
Rückfahrt:	Mit Autobus von Dürrboden nach Davos, von hier mit der Bahn nach S-chanf zurück

loszumarschieren. Kurz nach dem Dorf zweigt von der Hauptstrasse links ein Weg ab, der uns durch einen prächtigen Mischwald nach Susauna führt. Leider umgehen wir damit das weiter talabwärts direkt an der Strasse gelegene Chapella, das mit seinem Hospiz an die grosse Passvergangenheit erinnert. Wir müssen es uns für ein andermal aufsparen, denn ein langer Wandertag steht uns bevor, und die Zeit drängt, wenn wir in Dürrboden den letzten Autobus nach Davos erreichen wollen.

Susauna ist ein ehemaliges Ruttner- (Wegmacher) und Säumerdorf, dessen Bevölkerungszahl natürlich besonders von den Launen des Berges abhängig war. Ende der fünfziger Jahre des 18. Jahrhunderts bestand der männliche Kern des Dorfes beispielsweise nur noch aus drei oder vier Greisen. Die übrige Mannschaft war «am Scaletta geblieben...»

Auf dem schönen, von Lärchenwäldern umsäumten Talweg kommen wir nun – inmitten einer riesigen Kuhherde, die von einer hübschen Hirtin zu höheren Plätzen getrieben wird – zu den Alpen Pignaint und Funtauna. Von hier bis zur Passhöhe ist der Weg nicht mehr in so gutem Zustand wie bisher, zum Teil ziemlich überwachsen, aber an den rotweissen Markierungen immerhin noch gut zu erkennen. An unserem ersten Ziel, der Passhöhe auf 2606 m, erinnern wir uns wieder der Schilderungen ehemaliger Reisender: «Auf dem Gipfel sieht man nichts als Schnee und Eis, die ein weitläufiges von grässlichen Schlünden durchschnittenes Eisfeld vorstellen.» Diese Schneefelder können jedoch heute ohne Gefahr überquert werden.

Nun folgt der Abstieg ins Tal und kurz nach der Passhöhe beschliessen wir, den alten Weg, der, ohne Wegweiser oder Markierung, links abbiegt, in Angriff zu nehmen. Um es vorwegzunehmen: Diese Route können wir nur «angefressenen», trittsicheren Saumpfadwanderern mit gutem Schuhwerk empfehlen. Allen anderen legen wir den geradezu luxuriösen Weg auf der rechten Talseite ans Herz, der im Herbst 1949 von einer Sappeurkompagnie angelegt wurde. Abenteuerlustigen aber wird es ähnlich ergehen wie uns. Der alte Pfad, der von der Abzweigung aus zuerst ein paar hundert Meter gut erhalten und streckenweise sogar in der Landeskarte 1 : 25 000 eingezeichnet ist, verläuft immer wieder im Nichts. Entweder verdeckt ihn ein Schneefeld, oder er ist verwittert oder abgerutscht. Noch und noch kämmen wir das Gelände durch, um dann kurz vor der Kapitulation doch wieder auf eine Fortsetzung zu stossen. Ohne Probleme fündig werden wir dagegen was – hoffentlich entschärfte – Granat- und Flabgeschosse anbelangt, wobei hier sicherheitshalber das für solche Fälle korrekte Vorgehen in Erinnerung gerufen sei: Alle Arten von Geschossteilen sind zuerst zu orten, dann zu markieren und schliesslich bei der nächsten Gelegenheit einem zuständigen Platzkommandanten zu melden.

Abenteuerlich gestaltet sich sodann die Wanderung durch ein riesiges Geröllfeld hoch oben über den Seeböden, wo wir den Weg recht gut bis in die Talsohle verfolgen können. Dazwischen führt uns allerdings nur das Waten durch hellgrüne Sumpfwiesen und eisigkalte Gebirgsbäche auf die offizielle Route zurück.

Bereut haben wir unsere Pfadfinderei aber trotzdem nicht, obwohl uns vielleicht manchmal etwas mulmig zumute war. Erst so wurde uns richtig bewusst, was für Strapazen die Säumer im Winter und Sommer auf sich nehmen mussten, um den Scaletta zu erklimmen, welchen Gefahren sie auf diesem Weg durch die steilen Halden ausgesetzt waren, wo ein Schneesturm innert kürzester Zeit jegliche Orientierung verunmöglichte, die Pferde ermüdeten und haushohe Wächten manchmal auf Stunden hinaus einen Ausweg verwehrten. Und dies alles, um den trinkfreudigen Davosern zu einem guten Schluck Veltliner zu verhelfen. Nun: Die Säumer hielten sich auch schadlos. Unübersehbare rote Weinspuren im Schnee bezeichneten den Durchzug solcher Karawanen – die Pferdetreiber bohrten nämlich die Fässer an, um sich von Zeit zu Zeit am feurigen Nass gütlich zu tun, denn ein Hospiz, wo man sich ehrlich hätte laben können, gab es weit und breit nicht.

«Ohne Wein kein Säumer», galt damals. Schon am Morgen, bevor man sattelte und aufbrach, pflegte man die gutgeschmalzte Mehlsuppe, die mit Käse- und Brotbrocken verdickt war, mit einem Schoppen Veltliner abzukühlen. Das Mittagessen wurde mit einem weiteren Schluck hinuntergespült, und der Schlummertrunk war in der Säumerordnung des 16. Jahrhunderts sogar gesetzlich verankert.

Waren es wohl der feurige Veltliner oder die tägliche Fitnessübung, welche die damaligen Säumer mit Bärenkräften ausstatteten? Von Davosern wird jedenfalls 1618 erzählt, dass sie beim Satteln der Pferde den Sattelgurt samt Pferd allein mit ihren Zähnen in die Höhe heben und den Gurt am Bauch des Rosses zusammenschnallen konnten. Um in der Gilde der Säumer für voll genommen zu werden, bedurfte es aber eigentlich nur einer Banalität: Man musste lediglich imstande sein, ein Lägel Wein im Gewicht von 75 kg in einem Ruck auf den Bastsattel zu legen...

Mit unseren Kräften ist es dagegen nicht mehr so weit her, und sobald wir das Dischmatal unter uns sehen, macht sich ein deutlicher «Stalldrang» bemerkbar. Dürrboden, das seinen Namen nur im Herbst verdient, erfreut uns nach den öden Steinfeldern mit sattem Grün und vor allem mit einem Gasthaus. In Hochstimmung – immerhin haben wir eine sechsstündige Wanderung hinter uns – machen wir es uns auf der Terrasse gemütlich und lauschen dem Geplauder einer deutschen Gruppe, die sich von Davos hierher zu Kaffee und Kuchen hat chauffieren lassen. Die Reiseleiterin erkundigt sich gerade, wer am nächsten Tag den Ausflug zum Morteratschgletscher mitmachen wolle. Niemand will: «Wir haben doch jetzt einen Gletscher gesehen!» Und wirklich, von hier aus hat man einen prächtigen Ausblick auf den Scalettagletscher. Doch von den Schönheiten der Natur allein kann der Mensch nicht leben. Wir sitzen immer noch auf dem Trockenen und halten vergeblich Ausschau nach einer freundlichen Serviertochter, die uns kühlen Veltliner und eine gute Bündnerplatte bringen sollte. Fassungslos sehen wir endlich die Tafel «Selbstbedienung». Das darf doch nicht wahr sein, und dies in einem so abgelegenen Tal...

12 Kilometer lang ist das Dischmatal, in dem jetzt gerade die Heuernte im Gange ist. Diese Strecke bringen wir lieber rollend hinter uns und setzen uns vertrauensvoll in den Autobus, dessen Fahrer wir noch kurz vorher beruhigenderweise nicht bei Veltliner, sondern mit einem Mineralwasser auf der Terrasse haben sitzen sehen. «Beinahe» wäre uns übrigens noch ein weiteres Verkehrsmittel zur Verfügung gestanden: die Eisenbahn. Vor etwas mehr als 100 Jahren wogte nämlich ein schwerer Kampf zwischen den Anhängern einer Scalettabahn von Davos über Samedan nach Chiavenna und denjenigen der sogenannten Centralbahn, die der heutigen Strecke von Chur über Thusis ins Engadin entspricht. Nichts gegen kühne Alpenbahnen – wären die Würfel jedoch zugunsten der Scalettabahn gefallen, hätte unsere Wanderung wohl kaum denselben Reiz gehabt...

WALLIS

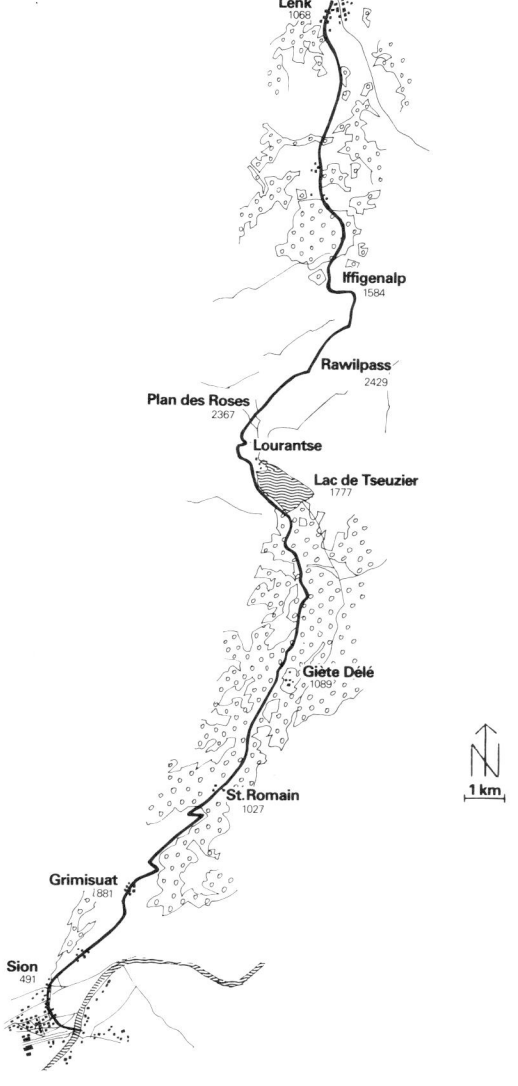

Rawilpass

Route:	Sion–Grimisuat–St. Romain (Ayent)–Giète-Délé–Lac de Tseuzier–Lourantse–Alpage du Rawil–Plan des Roses–Rawilpass–Iffigenalp–Iffigtal–Lenk
Wanderzeit:	Sion–Lac de Tseuzier ca. 6 Stunden Lac de Tseuzier–Lenk ca. 6½ Stunden
Karten:	Wanderkarte 1:50 000 Kandertal, Obersimmental, Saanenland (brauchbar ab Giète-Délé) Landeskarte der Schweiz 1:25 000 Blatt 1286, St. Léonard; Blatt 1266, Lenk
Unterkunfts- und Verpflegungs- möglichkeiten unterwegs:	Sion Grimisuat St. Romain Lac de Tseuzier Iffigenalp Lenk
Anfahrt:	Mit Zug bis Sion
Rückfahrt:	Mit Zug ab Lenk
Kurzvariante:	Von Sion mit dem Postauto zum Lac de Tseuzier. Lac de Tseuzier–Rawilpass–Iffigenalp zu Fuss (Wanderzeit rund 4½ Stunden). Ab Iffigenalp bis Lenk mit Postauto

Rawil. Zeitgenössisches eidgenössisches Reizwort des späten zwanzigsten Jahrhunderts. Noch besteht das Projekt eines Strassentunnels und einer Autobahn vom Wallis nach Bern nur auf dem Papier. Noch sind die Pläne eingefroren, politisch und technisch. Politisch eingefroren, weil das umstrittene Vorhaben mit einem Baustopp belegt wurde. Erst das Parlament wird grünes Licht geben... oder auch nicht. Technisch eingefroren, weil die Auswirkungen des Sondierstollens auf die Staumauer des Lac de Tseuzier ein Weiterbohren kaum rechtfertigen.

Es gibt Gruppen hüben und drüben, die den Bau vorantreiben und hintertreiben. Die Vereinigung pro Rawil will das Loch. Die Vereinigung pro Simmental will das Loch und vor allem die Betonpiste nicht. Was will der Wanderer, Berggänger, Naturfreund? Das Loch kann ihm wohl gleichgültig sein; es führt durch den Berg und nicht über den Pass. Aber die Autobahn? Der Rawiltunnel?

Mein Nein zum Rawiltunnel steht fest. Aber technikfeindlich bin ich nicht. Ich weiss die Errungenschaften der Technik zu schätzen. Ich fahre Auto, benutze Kühlschrank, Heizung, Schreibmaschine, Radio, Waschmaschine, Rasierapparat, Kochherd, Eisenbahn, Telefon, Kino, Kamera und all die tausend Dinge unserer technischen Zivilisation. Aber ich bin kein Anbeter. Technik sollte immer Werkzeug zu sinnvollen Zwecken sein, wie Selbstzweck. Und ich bin zu Kompromissen bereit. Stauwerke etwa, wie der Damm des Lac de Tseuzier an unserem heutigen Weg, sind für mich annehmbare Kompromisse. Ich liebe die klotzigen Talsperren nicht, aber ich ziehe Bilanz: hier die Mauer, die Leitungen, die Gittermaste, die Drähte, der harte Aderlass an den einst mächtig fliessenden Bächen; da die gestau-

ten Wasser, die neue Landschaften hervorbringen, Seen von berauschender Schönheit, neues Leben in den Fluten und an den Ufern ... und Energie.
Aber ich bin für angepasste Technologie, angepasst an Mensch und Umwelt. Betonpisten, masslos und arrogant ins Land geschleudert, Asphaltbahnen, die ganze Talschaften erdrücken, Dörfer überfahren, lärmend und stinkend eine saubere und stille Bergwelt zerstören ... das ist nicht angepasste Technologie. Ein Finanzaufwand, der in viele Millionen geht und bleibende, nie mehr gut zu machende Schäden als Preis für etwas schnellere Verkehrsverbindungen, das ist nicht angepasste Technologie. Für die Rawilroute hat man die Zeiteinsparung gegenüber der bestehenden Route Vevey–Martigny geschätzt: zwanzig Minuten. Die Länge einer Kaffeepause ... der Leser mag sein Urteil selber fällen, emotionslos, unromantisch, frei von jener Naturschwärmerei.
Ich aber will vom Wandern schreiben, von naturnahen Stunden, die uns von Sion über den alten Saumpfad hinaufführen zum Rawilpass und hinunter ins Pöschenried, in die Lenk. Eine Autostrasse führt von Sion zum Lac de Tseuzier auf achtzehnhundert Meter, ein Geschenk der Energiewirtschaft an die vorher kaum erschlossene Talschaft ... angepasste Technologie. Eine Autostrasse führt von der Lenk zur Iffigenalp. Wenn wir also wollen, können wir die Wanderung über den Rawilpass am Lac de Tseuzier beginnen und auf der Iffigenalp beenden. Postautokurse gibt es bis zum See und bis zur Alp. Dank Technik. Der Rawilpass ist dann ein herrliches Erlebnis von etwa viereinhalb Wanderstunden.
Wenn wir in Sion beginnen, nehmen wir die Wanderroute durch die sonnigen Rebberge hinauf nach Champlan und Grimisuat. Hier verlassen wir die Reben, ziehen durch die Dörfer Blignou, Saxonne, St. Romain. Jetzt sind wir schon tief im Tal der Liène, auf rund tausend Metern Höhe. Von St. Romain bis Giète Délé sind wir leider auf die Autostrasse angewiesen, die allerdings verkehrsarm ist und uns kaum lästig wird. Nach Giète Délé geht es in engen Serpentinen den waldigen Steilhang empor, dann entlang der Bisse de Sion hinauf zum Lac de Tseuzier auf rund achtzehnhundert Meter. Wenn die Sonne in die Südhänge des rechten Rhoneufers brennt, ist der Aufstieg eine schweisstreibende Sache. Aber es gibt Dörfer an unserem Weg, und da wo die Pintes und Bistros rar werden, beginnt der schattige Wald. Sion – Lac de Tseuzier, das ist eine Steigung von etwa dreizehnhundert Metern und eine Wanderung von etwa sechs Stunden. Wenn wir unsere Rawiltour zur Zweitagewanderung ausbauen, können wir am Lac de Tseuzier übernachten.
Andertags geht es dann weiter dem südwestlichen Ufer des Sees entlang nach Lourantse, steil bergan zum Plan des Roses. Als breite Furche zieht sich der Alpage du Rawil zwischen dem Wettsteinhorn und dem Rohrbachhorn auf der rechten, dem Mittaghorn und dem Schnidehorn auf der linken Seite. Im Westen grüssen Wildhorn und Six des Eaux Froides, während am Horizont im Süden die majestätische Kette der Walliser Viertausender funkelt.
Kaum steigend führt unser Weg zum Rawilpass. Unter uns öffnet sich das Iffigenhochtal; in kräftigen Mäandern fliesst der Iffigbach talwärts, stürzt sich im tosenden Fall ins Pöschenried und zieht beruhigt der Lenk entgegen. Im Norden weitet sich das Simmental. Wenn ich mir vorstelle, dass hier nach dem Willen der Rawilprojektoren eine ganze Talschaft in eine Betonschlinge gelegt werden soll, dass hier vielleicht schon bald ein megalomanischer Nord-Süd-Verkehr durch die Stille rumort, dann wird mir weh ums Herz. Deshalb empfehle ich dem Leser: nichts wie hin und den Ausblick geniessen, solange es noch möglich ist!
Der Abstieg vom Rawilpass zur Iffigenalp ist kurz und steil. Unser Weg windet sich im Zickzack zur Blattihütte, fällt scharf den Flühen entlang hinunter zur Alp. Eine Sache von knapp zwei Stunden. In weiteren zwei Stunden führt der Wanderweg über die zum Glück nicht stark befahrene Strasse durchs Pöschenried in die Lenk.

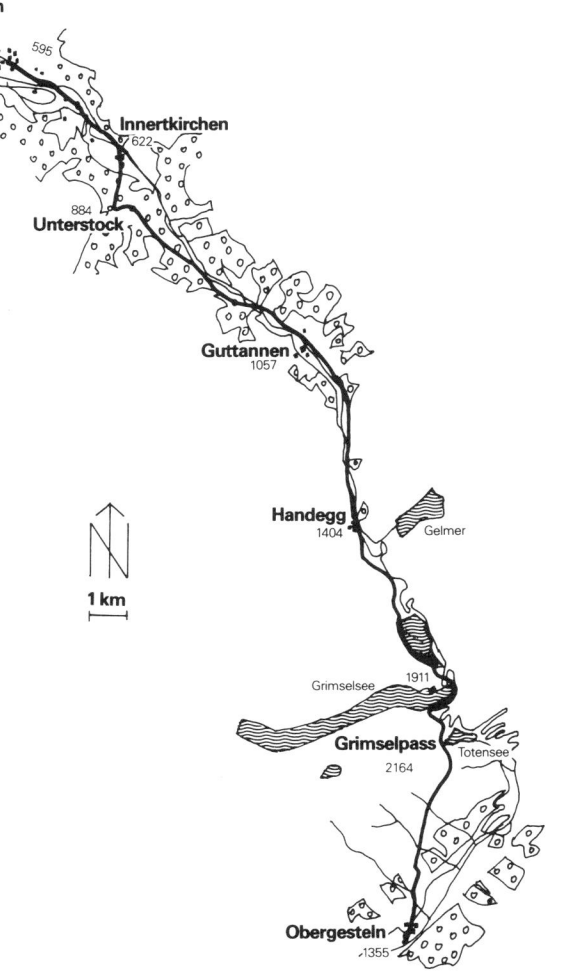

Grimselpass

Route:	Meiringen–Aareschlucht–Innertkirchen–Grund–Vordertal–Understock–Hirschi–Schlagwald–Golperlaui–Boden–Flesch–Hohflueh–Guttannen–Tschingelmad–Stäubenden–Breitwald–Zentrale Handegg I–Hotel Handegg–Säumerstein–Helleplatten–Kunzentännlen–Räterichsbodensee–Seeuferegg–Grimsel-Hospiz–Grimsel-Passhöhe–Kreuzegg–Hintere Grimsel–Altstafel–Obergesteln
Wanderzeit:	Meiringen–Hotel Handegg ca. 5½ Stunden Hotel Handegg–Obergesteln ca. 5 Stunden
Karten:	Reise- und Wanderkarte Furka-Oberalp-Bahn
Unterkunfts- und Verpflegungsmöglichkeiten unterwegs:	Innertkirchen Guttannen Hotel Handegg Grimsel-Hospiz Grimsel-Passhöhe Obergesteln
Anfahrt:	Nach Meiringen mit Auto oder Zug
Rückfahrt:	Mit Postauto

Der Grimselpass ist fraglos der wichtigste aller Bergübergänge vom Berner Oberland ins Wallis. Und wo früher Kaufleute, Pilger, Söldner, Kreuzfahrer und andere verwegene Leute ihre Schritte über die unsicheren Wege und Stege der Grimsel lenkten, da sind es in unserer Zeit die hastigen Reisenden, die mit ihren raschen Wagen die komfortable Route ins Wallis einschlagen. Man müsste also annehmen, der alte Saumpfad sei längst zur Autopiste verbreitert, asphaltiert und betoniert – und somit nichts für wanderlustige Leute.

Weit gefehlt. Der alte Saumpfad ist uns, dem modernen Strassenverkehr zum Trotz, über weite Strecken erhalten geblieben, und die unbeschwerte Pilgerfahrt durchs wildromantische, idyllische und geschichtsträchtige Oberhasli, entlang den Stauseen, über die Passhöhe hinunter ins Wallis, gehört für mich zu den schönsten Wandererlebnissen, die unsere Alpen zu bieten haben.

Es empfiehlt sich allerdings, diesen alten Saumpfad nur im Hochsommer und Frühherbst einzuschlagen, denn in den übrigen Jahreszeiten droht dem Wanderer das, was schon für die Säumer vergangener Zeiten Angst und Schrecken war: Lawinen.

Unsere Wanderung beginnt in Meiringen. Meiringen, seit eh und je wichtigstes Passzentrum im Berner Oberland; von hier aus führen alte Saumpfade über die Engstlenalp und den Jochpass nach Engelberg, durchs Gadmental und über den Susten nach Uri, über den Brünig nach Obwalden, über die Grosse Scheidegg nach Grindelwald. Nach Süden aber führt der Weg durchs Aaretal, über die Grimsel ins Wallis – das ist unser Weg.

Den Anfang unserer Wanderung macht ein Naturwunder: die fast anderthalb Kilometer lange, bis zu zweihundert Meter tiefe Aareschlucht, ein Meisterwerk der Wassererosion, das die Fluten der Jahrtausende in den Stein gehöhlt haben. Es ist nicht der alte Saumpfad, den wir hier benutzen, sondern ein Steg, der erst im letzten Jahrhundert angelegt wurde. Der Weg lohnt sich: üppige Formenvielfalt des ausgewaschenen Steins, über uns drohende, schattige

Wände, ganz oben das schmale blaue Band des Sommerhimmels, das Grün des Mischwaldes, das da und dort verwegen über den Abgrund äugt. Und unter uns, quirlend, zischend, schäumend, gurgelnd, pustend, tosend: die drängenden Wasser der jungen Aare.

Aus der Enge der Schlucht betreten wir den weiten Talgrund von Innertkirchen, das Seebecken vorgeschichtlicher Zeiten, wandern über den Aaredamm nach Innertkirchen.

Jetzt folgen wir dem alten Grimselweg. Von Grund über Vordertal nach Understock, weiter über Hirschi, durch den Schlagwald, quer über den Lawinenzug der Golperlaui, bis Boden, wo wir aufs rechte Aareufer hinüberwechseln, sonnseitig über Flesch und Hohfluh nach Guttannen.

Guttannen, das alte Säumerdorf, einst die oberste Siedlung im Haslital, von schroffen Bergketten umstellt, von Lawinen bedrängt, vom wilden Föhn geschüttelt – drohende Natur. Aber wo die Natur droht, da schenkt sie auch. Tief im Innern des Bergs, so erzählt die Sage, hüten Zwerge und Kobolde einen reichen Schatz von Bergkristallen. Wem es gelingt, an die funkelnden Geschmeide einer geheim-

Grimsel-Hospiz mit aufbrechender Saumtierkolonne

nisvollen Natur heranzukommen, der ist sicher vor Unheil und Krankheit, sicher vor Hexen und Gespenstern, sicher vor faulen Winden und Doggelidrücken (Alpträumen).

Wir lassen das Strahlerdorf hinter uns, steigen auf der rechten Talseite durch Wald und Weide bis Tschingelmad, über Stäubenden und durch den Breitwald, vorbei an der Zentrale Handegg I, hinauf zum Hotel Handegg.

Wuchtig steht linker Hand die Staumauer des Gelmersees in der Landschaft. Hier hat der Mensch kühn in die Ordnung der Natur eingegriffen. Hier hat die Technik das Antlitz der Landschaft grundlegend verändert. Massige Mauern wuchten sich breitspurig in die Täler, Regen-, Schnee- und Eiswasser werden aufgefangen, gebändigt, durch mächtige Stollen getrieben, auf Turbinen gejagt. Hier werden der Natur mit prometheischer Kühnheit gigantische Kräfte entrissen.

Wir schlagen den alten Saumweg ein, kommen vorbei an der ehemaligen Raststätte der Säumer, dem Säumerstein, erreichen über die Felsrippe der Helleplatten die Talweite von Kunzentännlen und schliesslich den Räterichsbodensee. Der alte Saumpfad verläuft irgendwo auf dem Grund des Stausees, ein Wanderweg wurde neu angelegt, linksufrig und fern vom Strassenlärm, teilweise in den Fels gehauen, idyllisch und erquickend für uns Wanderer.

Das Grimselgebiet ist eine klassische Gletscherlandschaft. Ein ungewöhnlicher Reichtum eisgeschliffener Felsformen belohnt unsere Schritte. Die Sonne glitzert im Granit; wir legen uns in die Mulden und auf die Rundbuckel des glatten Gesteins, betasten es, beäugen es – ein sinnliches Topographieerlebnis.

Schon sind wir auf der Höhe von Grimsel-Hospiz. Fasziniert blicken wir über die langgestreckte ruhige Fläche des Grimselsees, der sich wie ein nordischer Fjord in die alpine Landschaft legt.

Über eine kurze Strecke führt unser Weg über die Autostrasse, im Autogedränge eines typisch helvetischen Sonntags. Nicht lange zum Glück, denn in der

Das (heute im See versunkene) Grimsel-Hospiz

ersten Kehre zweigen wir rechts ab und erreichen, jetzt wieder auf Wanderpfaden, die Grimsel-Passhöhe.

Ein überwältigender Ausblick lohnt die Mühen des Aufstiegs. Hier dehnen und türmen sich die Hochalpen, die Schneeriesen des Wallis und des Berner Oberlandes.

Nach ausgiebiger Rast machen wir uns auf zum Abstieg nach Obergesteln. Wir wandern auf dem Pfad, den auch die Säumer vor Jahrhunderten schon genommen haben. Es ist der alte Saumpfad Bern–Domodossola, der Weg über die Kreuzegg, die Hintere Grimsel, über Altstafel nach Obergesteln.

Unter uns dehnt sich das sommerliche Goms; in der flachen Talsohle sonnt sich das alte Säumerdorf Obergesteln. Wir halten Einkehr im Gasthaus «Grimsel» und erlauben uns am Walliser Roggenbrot, am Gomser Käse und am «Fendant», dem köstlichen Tropfen aus den sonnigen Hängen des tieferen Rhonetals. Unsere Last – leichte Wanderrucksäcke – ist kaum vergleichbar mit dem, was die Säumer mit ihren Tieren lange vor uns über die Grimsel geschleppt haben. Und doch: Uns scheint, dass auch wir das köstliche Mahl mit Brot, Wein und Käse verdient haben.

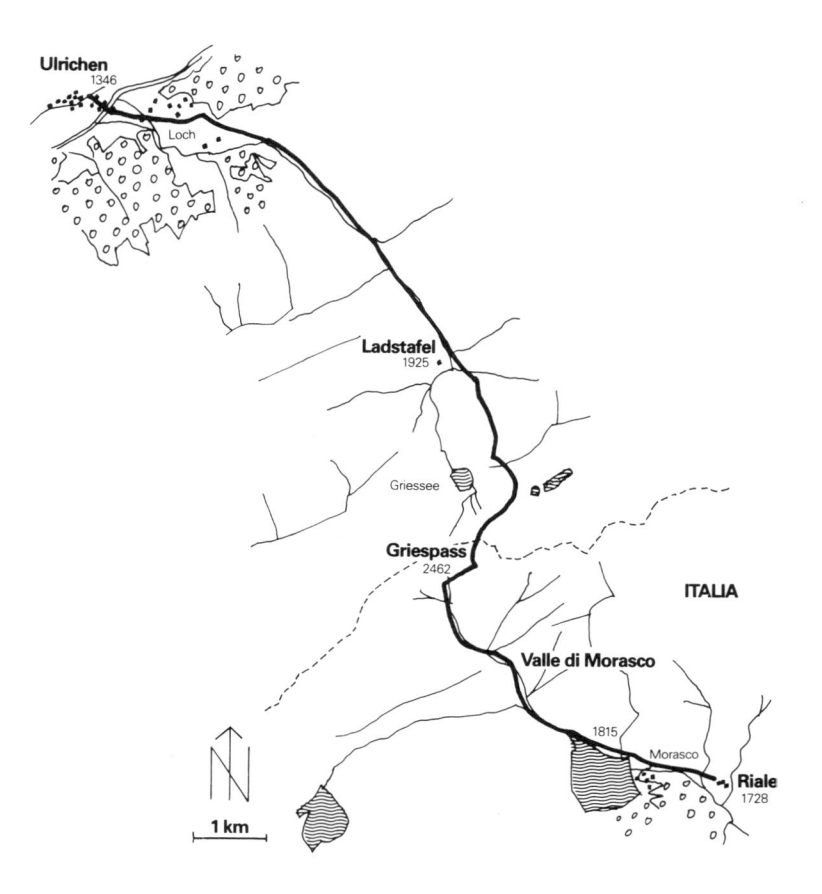

Griespass

Am Ausgang des Äginentals, diesem nördlichen Einschnitt in die südlichen Walliser Alpen, dieser tiefen Furche quer zum Rhonetal, liegt Ulrichen. Ulrichen, das schmucke Dorf im Obergoms, wäre somit der natürliche Ausgangsort für unsere Passwanderung nach Italien.

Wer aber eine Neigung hat zu ganzheitlichem Denken und Fühlen, zu ganzheitlichem Erleben, der wird Obergesteln zum Ausgangspunkt seiner Schritte wählen. Denn Obergesteln ist Zielort der Alpentraversierung über die Grimsel nach Meiringen, und Meiringen wiederum ist Etappe des alten Brünig-Saumpfades...

So wird es möglich, die alten Säumerzüge nachzuerleben, über den Brünig hinunter zum Vierwaldstättersee, nach Luzern und Zürich, hinaus in deutsche Lande, oder von Meiringen über Brienzer See und Thuner See, der Aare entlang hinunter nach Bern, bis ins ferne Frankreich.

Von Obergesteln aber führt der alte Saumpfad durchs Äginental, über den Nufenen hinüber ins Bedretto oder über den Griespass hinunter ins Val Formazza, hinunter nach Domodossola und Mailand.

Wer seiner Phantasie freien Lauf lässt, wird die Hufe der Saumtiere auf den Steinplatten des Saumpfades über den Griespass klappern hören, er wird die lange Reihe der Saumtiere – zeitweise waren es Kolonnen von über hundert Tieren – bergauf und bergab steigen sehen; schwerbeladen mit Reis und Mais, Wein, Schnaps und Gewürzen, wenn es nach Norden ging, mit Werkzeugen, Hausgerät, Käse auf dem Weg nach Süden. Bis dann im Jahre 1882 die Gotthardlinie eröffnet wurde und die Eisenbahn die Säumer brotlos machte und höchstens dem Schmuggel noch einigen Spielraum liess... das ist der Lauf der Welt. Vom einstigen Saumpfad ist ein schmaler Bergweg geblieben. Ausgetretene Steinplatten, eindeutiges Menschenwerk, sind stumme Zeugen vergangener Zeiten.

Doch beginnen wir unsere Saumpfadwanderung am Anfang, unten im Tal der jungen Rhone, der Rotten,

Route:	Ulrichen–Loch–Ladstafel–Griessee–Griespass–Valle der Gries–Valle Morasco–Riale
Wanderzeit:	ca. 6½ Stunden
Karten:	Reise- und Wanderkarte Furka-Oberalp-Bahn
Verpflegungsmöglichkeiten unterwegs:	Ulrichen Riale
Anfahrt:	Mit Zug oder Auto bis Ulrichen

wie sie hier in Obergesteln und Ulrichen noch heisst. Im «Loch», dem Weiler gegenüber Ulrichen, schwenken wir ins Äginental ein. Äginental: Saumpfad, Wanderweg, Autostrasse. Als Wanderer fürchten wir den Autoverkehr wie die alten Säumer die Eisenbahn. Doch unsere Sorge ist unbegründet. Der Wanderweg verläuft abseits der Strasse, die Abgase verflüchtigen sich in der reinen Alpenluft, und der Autolärm wird durch die rauschenden Wasser der Ägina übertönt. Unser Wanderglück bleibt ungetrübt. Wir wandern talaufwärts, es riecht nach Heu und Harz und über uns lacht ein blauer Himmel.

Nach Ladstafel verzweigt sich unser Weg, links hinauf zum Nufenenpass, rechts zum Griespass. Steil geht es bergan, hinauf zum Griessee. In der dunklen Fläche der gestauten Wasser spiegeln sich die Eismassen des langgezogenen Griesgletschers, das wuchtige Blinnenhorn und seine Ausläufer. Links von uns zweigt ein Pfad ab; er schlägt einen Haken um den Nufenenstock und führt hinauf in die arktische Wunderwelt des Val Corno.

Wir aber wandern dem See entlang, am Nordwestfuss des Grieshorns, queren matschige graue Schneefelder ... der letzte Winter schickt uns seinen müden Gruss. Und bald sind wir oben am Griespass, der hier ohne Passkontrolle, ohne Zollhaus und Wache die Grenze zwischen der Schweiz und Italien bildet.

Italien. Das ist für den nördlichen Menschen fast immer ein Zauberwort für Heiterkeit und Sonnenschein, auch für uns. Aber diesmal zeigt sich die südliche Schöne von einer andern Seite. Noch hatten wir im Wallis einen blauen Himmel über uns; jetzt aber treiben düstere Nebelschwaden von Süden her über den Sattel des Griespasses, jetzt jagt uns ein grimmiger Wind schwere Regenwolken entgegen, nimmt ein düsterer Himmel uns die Sicht.

Ich bin schon immer der Meinung gewesen, Wandern sei auch bei Regen lustig und es gebe eigentlich kein schlechtes Wanderwetter, sondern allenfalls schlechte Wanderkleider. Diesmal aber, ich gestehe es, wird es auch mir zuviel. In einer fernen Italienischstunde habe ich einmal den Satz gelernt «piove a catinelle» – in freier Übersetzung soviel wie «es giesst wie aus Kübeln». Das Bild schien mir immer übertrieben. Jetzt aber erleben wir, was dieses «piove a catinelle» heisst, hier auf dem einstigen Saumpfad, der sich in unzähligen steilen Kehren von der Passhöhe in die Valle der Gries hinabwindet. Auch in der anschliessenden Valle di Morasco prasselt der Regen unvermindert und unerbittlich auf uns herunter. Und was die kübelweise über uns ausgeschütteten Fluten nicht restlos zustande bringen, das vollenden die über die Ufer getretenen Bergbäche.

Nach einer Stunde Abstieg ist es soweit, kein trockener Faden bleibt an uns, wir sind nass und kalt bis auf die Knochen. Ein Italiener, der vom Bättelmatthorn zurückkehrt – auch er vom Wetter überrumpelt – nimmt uns in sein Auto auf. Unsere Hemmungen, so triefend in seinem Auto zu sitzen, quittiert er lachend ... er trieft genau so wie wir. Und er macht uns Komplimente für unser Italienisch, aber bald stellt sich heraus, dass er Deutsch spricht, Walliser- «Tiitsch».

Ethnische Eigenart des Val Formazza, dieses italienischen Hochalpentals, das sich wie ein Keil zwischen Tessin und Wallis bis zum Griespass vorschiebt: Seit früher Zeit bevölkern die Walser das Tal und die Älteren im Val Formazza sprechen neben ihrem Italienisch auch noch «Tiitsch». Das Val Formazza heisst bei ihnen «Pomatt»; die vielen Walsersiedlungen im Pomatt tragen Doppelnamen: Da steht Chiesa für Andermatten, San Michele für Tuffalt, Valdo für Wald, Ponte für Zumsteg, Grovella für Gurfelen, Canza für Früttwald, Riale für Kehrbächi, Morasco für Muraschg ... Ein Paradies für vergleichende Sprachforscher!

Die Älteren sprechen es noch, dieses Walser- «Tiitsch», das dem Dialekt des Goms oder des Oberhasli so nahe kommt, dass sich die Leute dieser Talschaften mühelos verständigen. Allerdings, sie sprechen es stockend, denn zulange wurde die sprachliche Minderheit im Pomatt unterdrückt oder vernachlässigt, und für mich riecht das Ganze grau und gruftig. Aber unser Alpinist vom Bättelmatthorn widerspricht mir. Es sind gerade die Jungen, die sich der Sprache ihrer Vorfahren wieder zuwenden, sagt er, und selbst in den Schulen scheint man wieder «Tiitsch» zu unterrichten.

Für uns allerdings bleibt die Verständigung schwierig. Wenn man den richtigen Singsang nicht hat, so wird man, wie wir mit unserem «Bärndütsch», nicht verstanden.

Und so geht es dann schliesslich in der Wirtschaft, wo wir einkehren, doch Italienisch zu und her. Das beginnt mit einem händeringenden «Mamma mia» der Wirtin, die uns sofort in ein Badezimmer steckt, wo wir uns waschen, wärmen und trocknen können. Und es endet am knisternden Kaminfeuer, bei Polenta con funghi und Barbera. Die Welt ist wieder in Ordnung, auch wenn es draussen im Val Formazza – im Pomatt – immer noch «a catinelle» regnet.

Saumtierkolonne auf dem Weg zum Griespass

Nufenenpass

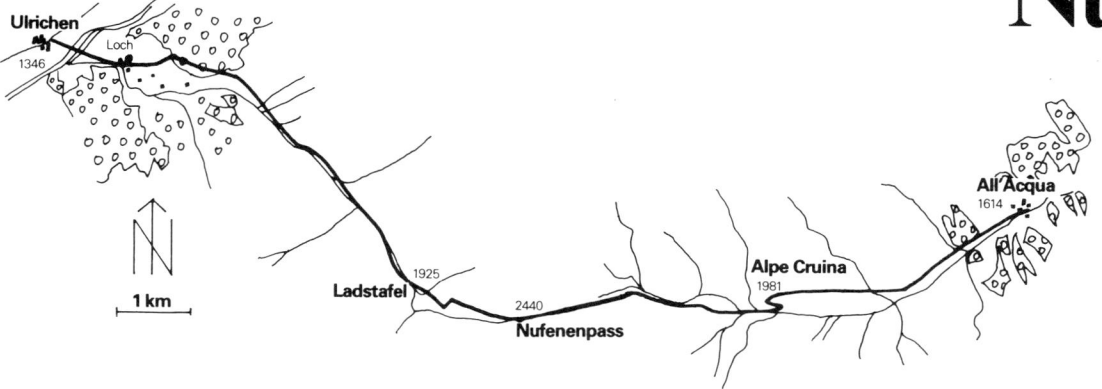

Route:	Ulrichen–Loch–Ladstafel–Abzweigung Griespass (s/Wanderroute Griespass)–Nufenenpasshöhe (nicht identisch mit der Passhöhe der Autostrasse)–Motto Vallés–Alpe di Cruina–Bolle di Paltano–Paltano–Ponte di Paltano–Formazzora–All'Acqua
Wanderzeit:	Ulrichen bis Abzweigung Griespass ca. 3½ Stunden Ulrichen–Nufenenpass ca. 4¼ Stunden Ulrichen–All'Acqua ca. 6¼ Stunden
Karten:	Reise- und Wanderkarte Furka-Oberalp-Bahn
Verpflegungsmöglichkeiten unterwegs:	Ulrichen All'Acqua
Anfahrt:	Nach Ulrichen mit Auto oder Zug
Rückfahrt:	Mit Postauto

Zehn Jahre lang lagen sich die Walliser Gemeinde Ulrichen, unser Start, und die Tessiner Gemeinde All'Acqua, unser Ziel, in den Haaren. Der Zankapfel: die Nufenpasshöhe, oder vielmehr der Grenzverlauf auf der Nufenpasshöhe. Ich vermute, dass dieser Grenzstreit schon viel länger dauert und vielleicht in Zeiten zurückreicht, in denen noch die Säumer ihre Lasten zwischen Goms und Bedretto über den Nufenen schleppten. Jetzt aber ist der Grenzstreit entschieden. Das Bundesgericht hat gesagt, wo es durchgeht. Punktum.

Die Verbindung zwischen dem Wallis und dem Tessin ist uralt... als Saumpfad. Als Autostrasse aber ist der Nufenen der jüngste und mit seinen zweieinhalbtausend Metern erst noch der höchste ganz auf Schweizer Boden gelegene Alpenübergang. Mit dieser erst 1969 eröffneten Nufenenstrasse geht ein alter Traum der beiden Talschaften in Erfüllung: einander näher zu kommen, Streit hin, Streit her. Das Strassenprojekt besteht schon lange, immer wieder verzögert und verhindert durch Krieg und Krise. Im letzten Jahrhundert hat man fortschrittsgläubig sogar von einer Eisenbahnlinie über den Nufenen geträumt. Der Traum ist ausgeträumt... und neu geträumt vielleicht in unserer Zeit von den Erbauern des Furkatunnels mit dem Plan des Bedrettofensters... ausgeträumt und vergessen.

Der alte Saumpfad führt von Obergesteln über die junge Rhone dem Hang entlang nach dem Weiler Loch. Ulrichen, die braungebrannte Siedlung, wurde vom Saumweg umgangen; die Autostrasse über den Nufenen aber nimmt hier ihren natürlichen Anfang. Und wenn wir wollen, so können auch wir Wanderer in Ulrichen beginnen.

Zwischen Loch und dem Kittwald überschreiten wir die Ägine, überwinden in zahlreichen Kehren und Traversen die rund dreihundert Meter hohe Stufenmündung des Äginentals, wandern fast ebenen Wegs durch die Talsohle bis Hohsand und nehmen dann den kurzen Aufstieg nach Ladstafel.

Nun geht es ernsthaft aufwärts, und der Weg teilt sich. Ein Pfad führt rechts hinauf über den Griespass hinunter ins italienische Val Formazza (s/Routenbeschreibung Griespass), der andere aber steigt rechts hinauf zur Passhöhe des Nufenen und hinunter ins Bedretto.

Alter Saumpfad und Wanderweg unserer Zeit, das ist hier über weite Strecken das gleiche. Die Autostrasse aber verläuft getrennt und stört den Wanderer kaum. Selbst die Passübergänge verlaufen getrennt: ein Pass für die Autos (2478 m), ein Pass für die Wanderer (2440 m). Auf den Autofahrer wartet ein Passrestaurant mit Speis und Trank, der Wanderer aber muss sich aus dem Rucksack verpflegen. Dafür geniesst er die Ruhe ... und die Rundsicht.

Über dem wilden Äginental erheben sich die Schneeriesen der östlichen Berner Alpen, im Westen ragt das Blinnenhorn über den Eismassen des Griesgletschers, während im Osten die Dreitausender das Bedretto umrahmen. Ein Panorama, das zu den eindrücklichsten aller Schweizer Pass-Panoramen zählt. Uns aber sind heute die Wettergötter übel gesinnt. Im Äginental noch bescherten sie uns strahlendes Wetter; jetzt aber verhüllen sie uns mit dichten Nebelschwaden die sonst so grossartige Sicht. Es ist empfindlich kalt geworden, hier im Quellgebiet des Ticino, und wir denken an warme Tage am Ende dieses Flusses, träumen von sonnigen Stunden im fernen Pavia, wo sich der Ticino mit seinem mächtigen Bruder Po vereinigt.

Wohl oder übel steigen wir hinab ins Bedretto, über Motto Vallés zur Alpe di Cruina. Ein Wind kommt auf, steigert sich, zerreisst die dichten Nebel und gibt die Gipfel des Bedretto frei, gibt Sicht und Zuversicht. Beschwingt wandern wir talwärts, über den alten Saumpfad dem Lauf des jungen Ticino entlang.

Und während wir über die Säumerzüge nachsinnen, die vor Jahrhunderten diesen selben Weg gegangen sind, begegnen wir unvermittelt einer schwerbeladenen Säumerkolonne. Sinnestäuschung, Fata Morgana, überhitzte Fantasie? Nein. Eine Trainkolonne der Schweizer Armee kreuzt unseren Weg. Wir steigen hinab ins sonnige Bedretto, Mann und Maultier der Trainkolonne aber nehmen den beschwerlichen Weg hinauf in die neblig kalten Höhen, um ein Feldlazarett zu errichten. Eine Übung für schlimme Zeiten ... hoffen wir, dass es bei der Übung bleibt. Die feldgraue Kolonne steigt höher und höher, verliert sich im Grau des Nebels. Und so kommen wir Wanderer auf alten Saumpfaden zu einem echten Säumererlebnis. Über Bolle di Paltano, Ponte di Paltano, erreichen wir das oberste Bedretto-Dorf All'Acqua, unser Ziel.

Ulrichen–Nufenenpass, das ist eine Wanderung von gut vier Stunden; vom Nufenenpass erreicht man All'Acqua in rund zwei Stunden, wenn man dem alten Saumpfad einigermassen treu bleibt.

Wer mehr Zeit hat und Lust auf Seitensprünge, dem rate ich zu einer Variante: Ab Altstafel Richtung Val Corno, über die Cappanna Corno–Gries hinunter zur Alpe di Cruina. Er wird eine fantastische arktische Wunderwelt erleben.

Wem die Wanderung bis All'Acqua zu kurz ist, dem empfehle ich den neu errichteten Höhenweg, die «Strada alta del Bedretto», ein Wanderweg, der hoch über der Talsohle Cappanna auf der rechten Seite des Bedretto bis hinunter nach Airolo führt. Eine Broschüre über diese neue «Strada alta» gibt es an jedem grösseren Schalter unserer Bundesbahnen. Ein Saumpfad allerdings ist es nicht.

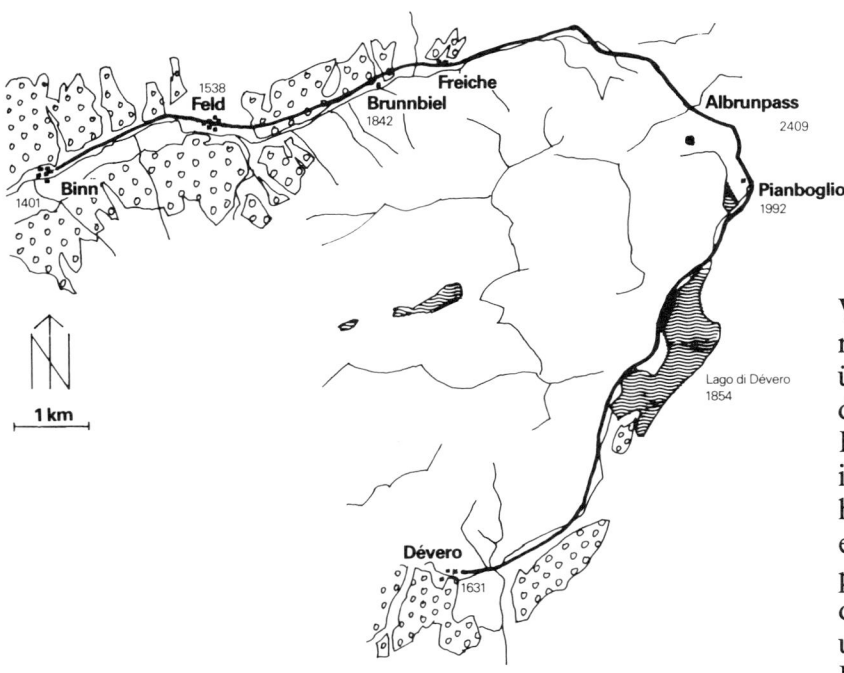

Albrunpass

Route:	Binn–Feld–Tschampigläger–Brunnebiel–Freichi–Chiestafel–Oxefeld–Binntalhütte SAC–Albrunpass–Pianboglia–Lago di Dévero–Alpe Cordelago–Crampiolo–Dévero
Wanderzeit:	ca. 7½ Stunden
Karten:	Reise- und Wanderkarte Furka-Oberalp-Bahn
Unterkunfts- und Verpflegungs- möglichkeiten unterwegs:	Binn SAC-Hütte Binntal Dévero
Anfahrt:	Nach Binn mit Zug und Postauto oder Auto
Rückfahrt:	Mit Seilbahn, Postauto und Zug via Domodossola–Brig

Wer sich auf Saumpfade begibt, der wandert nicht nur über Weg und Steg, nicht nur durch Täler und über Pässe, der tut immer auch einen Gang durch die Geschichte.

Die Geschichte des Albrunpasses reicht zurück bis in die Eisenzeit, und sie dauert an bis in unser Jahrhundert. Noch um 1900 war das Binntal nur durch einen Maultierpfad erschlossen, aber der Albrunpass war kaum mehr begangen. Mit dem Ausbau des Simplons verlor der Übergang seine Bedeutung, und es wurde still um den Pass und die Talschaft.

Das war nicht immer so. Die Römer bauten diesen Pass zu einer sicheren Route aus, und wenn wir über den Albrun ziehen, so wandern wir in den Fussstapfen römischer Legionäre. Aber das ist beinahe überall so in diesem alten Europa: Die Römer waren immer schon da. Und später waren es Kaufmannszüge mit Seide und Samt, Wein und Gewürzen, Werkzeug und Tuch, dann wiederum waren es Söldner, manchmal auch ganze Kuhherden, die als Handels- und oft auch als Diebsgut über den Albrun und damit über die Grenze zwischen Italien und der Schweiz getrieben wurden. Wir wissen wenig über diese frühen Passgänger; Geschichte und Legende, Wirklichkeit und Phantasie verflechten sich zum undurchsichtigen Gewebe.

Eine Begebenheit ist historisch gesichert: Auch die rauhen Gesellen der alten Eidgenossenschaft querten den Pass. Man weiss, dass der tollkühne Schwyzer Hauptmann Peter Rysig mit einem ebenso tolldreisten Trupp von fünfhundert jungen Leuten über den St. Gotthard und den San Giacomo zog und in einem Handstreich Domodossola einnahm. Dies wiederum erregte den Zorn des mailändischen Feldherrn Filippo Visconti; er zog mit einem ganzen Heer aus, um den Abenteurern aus den Waldstätten den Garaus zu machen, und es wäre ihnen wohl übel ergangen, wenn nicht fünfzehntausend Eidgenossen über die Grimsel und den Albrun – über Bünn und Betsch (Binn und Baceno), wie es in der Chronik heisst – den Flegeln zu Hilfe geeilt wären. Das ist lange her. Unsere Absichten sind friedlich.

Am frühen Morgen ziehen wir los, von Binn oder «Schmidigehischere» (Schmidigenhäusern), wie das Dorf auch heisst, der Binna entlang nach Feld. Im Morgentau steigen wir über einen steilen Wiesenhang hinauf, ziehen durch prächtige Lärchenwälder bis Tschampigläger. Vom Gegenhang grüssen die Messeralp, das Stockhorn, die Schneepyramide des Schwarzhorns. Bei Brunnebiel lassen wir den Wald hinter uns, wandern über Freiche und Chiestafel hinauf nach Blatt und Oxefeld.

Das Binntal öffnet sich uns in seiner ganzen landschaftlichen Grösse. Noch ist das Tal fast unberührt von den fragwürdigen Segnungen unserer Zeit, noch sind seine Dörfer intakt, noch grünt und blüht hier eine Pflanzenwelt von seltener Vielfalt, noch ist das Tal ein Paradies für Strahler. Zwischen Ofenhorn und Albrunhorn windet sich der alte Saumpfad zum Pass empor. Auf halbem Weg zwischen Oxefeld und Passhöhe steht die Binntalhütte am steinigen Hang. Wir halten Einkehr, stärken uns, worten mit zwei Grenzwächtern über Weg und Wetter, machen uns auf zum Pass. Der Pfad ist nicht eben aussichtsreich, um so reicher belohnt uns die italienische Seite. Eine offene, weite Geländekammer liegt vor uns. Unter uns blaut der kleine Stausee im grünen Talkessel vom Pianboglio; weiter südlich dehnt sich wie ein nordischer Fjord die Silberfläche des Lago di Dévero, umstanden von den Gipfeln der Punta Fizzo, des Rothorns, Albrunhorns, Ofenhorns, der Pizzi del Busin, der Punta Pojala, Punta Tòpera, des Monte Forno... eine Landschaft von erhabener Einsamkeit, ein Wandergebiet, wie man es sich schöner nicht wünschen kann.

Erst in Crampiolo stossen wir wieder in menschliche Nähe. Crampiolo, Bergdorf, eine naturnahe Architektur mit Holz und Stein, Bauern, die einem kargen Boden ihr karges Dasein abringen. Dann weiter südlich Dévero, ursprünglich auch ein Bergbauerndorf, jetzt aber schon gezeichnet von den Malen des modernen Fremdenverkehrs: unser Zielort.

In einer Buchbesprechung hat mich ein wohlgesinnter Kritiker gelobt, ich sei ein kenntnisreicher, kurzweiliger und einfühlsamer Reiseführer... Reiseverführer. Lob tut wohl. Aber Lob verpflichtet. Und manchmal habe ich Angst, soviel Lob nicht zu genügen. Was braucht es zum Wanderbericht? Freude am Wandern, Sehen, Erleben, Schreiben? Ja.

Aber mehr als das. Im Binntal etwa gibt es die anderswo kaum mehr blühende ausgeschnittene Glokkenblume, den piemontesischen Steinbrech, ein Dutzend verschiedener Enzianarten, eine Vielzahl von Habichtskrautarten. Botaniker müsste man sein.

Im Binntal gibt es Mineralien, die in ihrer Reichhaltigkeit und Formenvielfalt Weltruf geniessen. Mineraloge müsste man sein. Jede Wanderung ist immer auch ein Gang durch die Tierwelt. Das reicht vom Schmetterling zum Habicht, vom Käfer zum Steinbock, vom Frosch zur Gemse. Und bis zu den Murmeltieren, die hier auf der Südseite des Albrun zu Hunderten hausen und uns mit ihrem Pfiff über Stunden begleiten. Wäre man doch Zoologe.

Hier am Albrun öffnet sich uns die Wunderwelt der Gletscher und Wildbäche, der Wasserfälle und Seen. Glaziologe, Limnologe müsste man sein.

Man müsste Volkskundler sein, mehr wissen über Eigenart, Sprache und Geschichte der Leute dieser Täler, gerade hier, im Grenzland zwischen Italien und der Schweiz, gerade über die Walser, die von hier aus Siedlungen gründeten, die heute zu Italien gehören.

Zum Trost sage ich mir, dass die Unmittelbarkeit des Erlebens, die Schönheit eines Schmetterlings, der Duft einer Blume, das Rauschen eines Baches, das Funkeln eines Bergkristalls, dass all die Tausende von Sinneseindrücken nicht davon abhängen, ob wir den Dingen einen Namen geben können; Jakob Burckhardt hat es einmal nach meinem Sinn gesagt:

«Die Aufgabe unseres Lebens ist, möglichst allseitig zu werden; allseitig zu sein heisst aber nicht, vieles wissen, sondern vieles lieben.»

Simplonpass

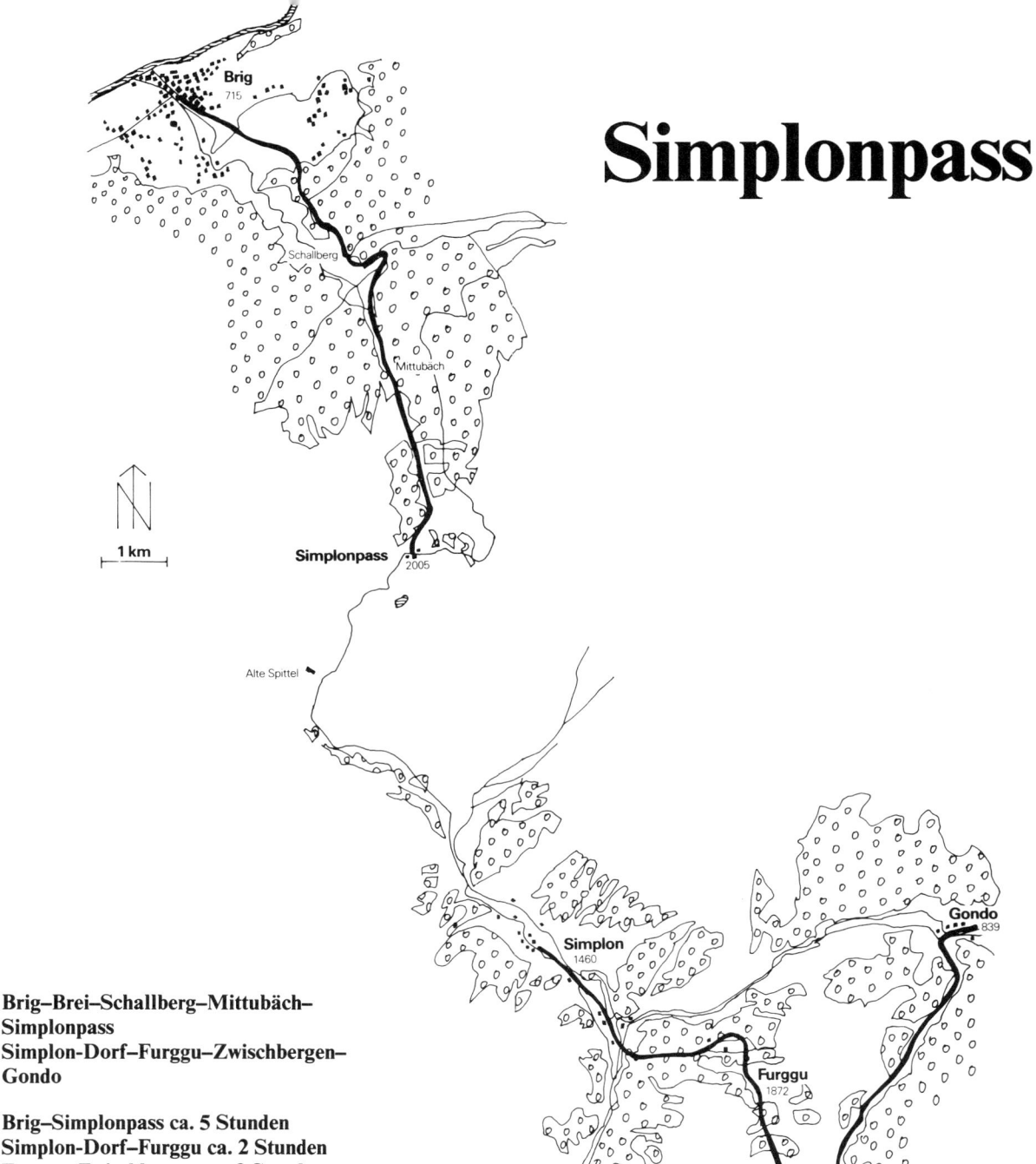

Route:	Brig–Brei–Schallberg–Mittubäch–Simplonpass Simplon-Dorf–Furggu–Zwischbergen–Gondo
Wanderzeit:	Brig–Simplonpass ca. 5 Stunden Simplon-Dorf–Furggu ca. 2 Stunden Furggu–Zwischbergen ca. 2 Stunden Zwischbergen–Gondo ca 1¾ Stunden
Karten:	Landeskarten 1 : 25 000 Blatt 1289, Brig Blatt 1309, Simplon
Unterkunfts- und Verpflegungsmöglichkeiten unterwegs:	Brig Schallberg Simplonpasshöhe Simplon-Dorf Zwischbergental Gondo
Anfahrt:	Mit Bahn bis Brig
Rückfahrt:	Mit Postauto Gondo–Simplon–Brig

Der Simplon bereitet den Verkehrsplanern in Bern und Sitten Kummer. «Teuerste Sackgasse der Schweiz» wird er genannt, seitdem die Schweiz 300 Millionen in seine Modernisierung gesteckt, Italien aber die entsprechende Weiterführung aus Geldmangel auf die lange – die sehr lange – Bank geschoben hat. Eigentlich hätte ein so geschichtsträchtiger Pass eine bessere Gegenwart verdient. Uns allerdings kann das für heute egal sein – unser Weg stösst nur gelegentlich und für wenige Meter auf die moderne Autostrasse.

Den schauerlichen Pfad über den Simplon wanderte 1777 der Geschichtsschreiber Johannes von Müller, als er im September von Domodossola nach Brig reiste. In seinem Tagebuch berichtet er:
«Die Dörfer sind selten. Man geht über Matten, dann über Felsen, über wankende Brücken bis Dovedro (Val di Vedro), welches sich weit und breit an schönen Höhen bis an den Eingang des Simplonpasses angenehm ausdehnt. Höher und fast schrecklicher als der Gotthard ist der Simplonberg. Hoch türmen sich seine Felsen und scheinen unten ausgefressen durch die Schläge der wilden Tosa. Bald hoch, bald in Tiefen, führt der Paß über unermeßliche, drohende Felstrümmer, und neben uns war der Fluß bald fast von den Bergen verborgen, bald stob er wie ein Rauch hinunter in scheußliche Tiefen. In diesen Gebürgen rechts findet man Gold. Wenn man vom Stein hinauf sich erhebt, fällt der obere Staffel mit seinen beschneiten Höhen ins Auge. Ein ziemlich guter Weg führt bis zum alten großen Spital, der eine Wohnung für Gespenster scheint. Steil senkt sich der Simplon gegen Wallis hinab, so abschüssig, daß man an schrecklichen Abgründen in der engen Röhre einer alten hölzernen Wasserleitung, die der Fels beynahe bedeckt, hindurch reist. Brieg sieht man bald, aber noch krümmt sich die Straße über einen andern Berg und betrügt den ermüdeten Wanderer.»

Ausgangspunkt unserer Wanderung ist Brig. Brig wird dominiert vom Stockalperpalast. Und Stockalper hat dem Simplonpass seinen Stempel aufgedrückt. Sicher, schon die Römer wussten die Vorteile dieses tief gelegenen Alpenübergangs zu nutzen, und dass Napoleon Bonaparte die Strasse ausbauen liess «pour faire passer le canon», ist allgemein bekannt – zu gesamteuropäischer Bedeutung aber gelangte der Simplon durch Kaspar Jodok Stockalper vom Thurm (1609–1691). Seine Maultierkarawanen besorgten den Warenverkehr über den Simplon, er liess Susten errichten, monopolisierte den Salztransport, beutete die Bodenschätze im Passgebiet aus.

Für unsere Passwanderung verlassen wir Brig in südlicher Richtung auf dem alten Römerweg. Die Weiler Lingwurm und Brei sind unsere nächsten Stationen – ganze Kolonien von Wohn- und Ferienhäusern lassen erkennen, dass Brig heftig expandiert. Dann nimmt uns der Wald auf, in engen Kehren führt der gutmarkierte Pfad auf die Höhe der alten Simplonstrasse. Zügig geht es vorwärts bis zum Schallberg, wo der kleine, gelbe Wegweiser in die Tiefe zeigt. Wir verlieren zweihundert Höhenmeter, überqueren den Ganterbach und haben den langen, stetigen Aufstieg durch das Tafernatal vor uns. Parallel zum alten Saumweg führt das Prunkobjekt der neuen Simplonstrasse über die Schlucht, die 150 m hohe Ganterbrücke der N 9. Rund 24 Millionen Franken hat das Meisterwerk gekostet, Napoleons Strasse – gebaut 1801–1805 – kam auf sieben Millionen zu stehen.

Knapp fünf Stunden nach dem Abmarsch in Brig ist der Kulminationspunkt des Simplons – mit 2005 m der tiefstgelegene Alpenübergang zwischen dem Wallis und Italien – erreicht. Blickfang ist der mächtige Adler aus Stein – ein Erinnerungsmal an die Zeit der letzten Grenzbesetzung. Simplon Hospiz liegt etwas tiefer als der Pass selber – ganze Carladungen von Touristen sind damit beschäftigt, die Alpweiden von Alpenrosen zu plündern.

Die Südseite des Simplons wird beherrscht von der Gondoschlucht. Die Römer, die mit diesem natürlichen Hindernis nicht fertig wurden, wichen hoch auf die linke Talseite aus. Der Bergweg ist markiert, doch uns raten Einheimische von dieser Route ab. Fast elf Stunden Marschzeit bis Iselle sind in dieser Jahreszeit – wir unternehmen den zweiten Teil der Simplonüberquerung im Oktober – zu viel. Als Alternative bietet sich der Bergweg von Simplon-Dorf über Furggu ins Zwischbergental und von dort nach Gondo an. Auch hier wurde früher gesäumt, neuerdings hat der Kraftwerk- und Freileitungsbau mit seinen Güterstrassen den Warentransport auf Maultierrücken überflüssig gemacht.

Oberhalb Gabi überquert eine schmale Brücke die

Laggina, unmittelbar dahinter beginnt der steile Anstieg. Knapp zwei Stunden später stehen wir beim Steinkreuz auf der Furggu-Passhöhe, der Blick auf das einzigartige Zwischbergental wird frei. Das von Zwei- und Dreitausendern flankierte Zwischbergental erstreckt sich von Gondo aus gegen Südwesten und endet beim hochgelegenen Zwischbergenpass, dem wenig begangenen Übergang nach Saas-Almagell. Die Landschaft ist ausgesprochen alpin, eine verschwenderische Flora und eine reiche Fauna entzücken den Naturliebhaber. Wir tun uns an Heidelbeeren gütlich. Im Gespräch mit einer Einheimischen erfahren wir, dass die abgelegenen Bergheimetli im Gegensatz zu früher nur noch im Sommer bewohnt und bewirtschaftet werden, einige Häuser lassen erkennen, dass sie bereits in Ferienhäuser für Unterländer umfunktioniert worden sind.

Der Weg ins Tal ist nicht zu verfehlen, wenngleich die neugebauten Güterstrassen auf unserer Karte noch fehlen. Fünfhundert Höhenmeter unter dem Sattel stossen wir auf die Fahrstrasse, nachdem wir im Weiler Bord gerastet und uns mit Walliser Trockenfleisch und Fendant gestärkt haben, geht es weiter am Ausgleichsbecken des Kraftwerks vorbei, talauswärts. In Hof, kurz vor der letzten Geländestufe, die nach Gondo hinunterführt, stehen rechter Hand einige halbverfallene Gebäude. Sie erinnern an den Walliser Goldrausch mit Höhenflug und abruptem Ende.

Möglicherweise wurden die Goldminen von Gondo bereits von den Römern ausgebeutet; sicher ist, dass Kaspar Jodok Stockalper die Minen Mitte des 17. Jahrhunderts betreiben liess. Spektakulär wurde es aber erst in den neunziger Jahren des letzten Jahrhunderts, als eine französische Gesellschaft die Ausbeutungskonzession erhielt und dazu überging, den im Berg vermuteten «Goldnestern» mit den damals modernsten Bergbaumethoden zu Leibe zu rücken. Die Aktien der Minen von Gondo wurden an der Pariser Börse gehandelt, ihre Kurse versprachen den Aktionären schnellen Reichtum. 500 Bergleute, Hilfskräfte und Angestellte waren mit der Ausbeute beschäftigt, neben den notwendigen Betriebsgebäuden entstand ein prunkvoller Verwaltungspalast, von dem ein ehrfürchtiger Chronist berichtet, halbe Zimmerwände seien mit prächtigen Empirespiegeln verkleidet. Mit dem Goldrausch gehörte Gondo zur grossen Welt, in den Fremdengasthöfen, wo die Besitzer und Aktionäre abzusteigen beliebten, knallten die Champagnerpfropfen.

Das Ende war kurz und brutal, der Katzenjammer gross. Nach Anfangserfolgen ging der Ertrag der Minen rapid zurück, die kostspieligen Einrichtungen erwiesen sich als Belastung. 1897 musste die «Société Mines d'Or d'Helvétie» den Konkurs anmelden. Der grosse Traum von schnellem Reichtum im Zwischbergental war ausgeträumt. Vielleicht aber stimmt wirklich, was sich einige alte Leute in Gondo noch heute erzählen, und das Gold im Berg wartet weiter auf seinen Entdecker. Für unseren Teil begnügen wir uns damit, dass uns ein (goldgelbes?) Postauto über den Simplon zurück nach Brig bringt.

«Lauinensturz» am Simplon

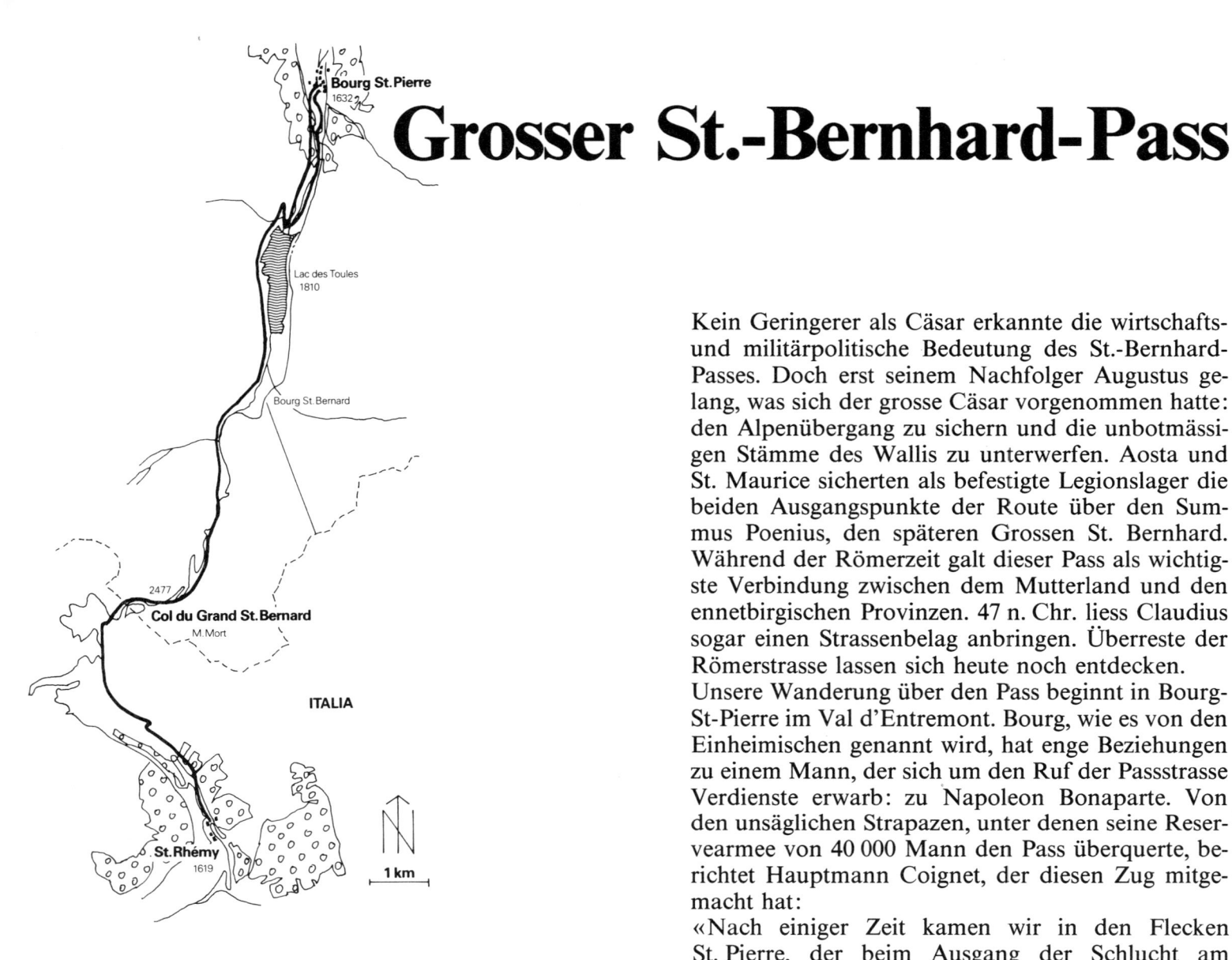

Grosser St.-Bernhard-Pass

Kein Geringerer als Cäsar erkannte die wirtschafts- und militärpolitische Bedeutung des St.-Bernhard-Passes. Doch erst seinem Nachfolger Augustus gelang, was sich der grosse Cäsar vorgenommen hatte: den Alpenübergang zu sichern und die unbotmässigen Stämme des Wallis zu unterwerfen. Aosta und St. Maurice sicherten als befestigte Legionslager die beiden Ausgangspunkte der Route über den Summus Poenius, den späteren Grossen St. Bernhard. Während der Römerzeit galt dieser Pass als wichtigste Verbindung zwischen dem Mutterland und den ennetbirgischen Provinzen. 47 n. Chr. liess Claudius sogar einen Strassenbelag anbringen. Überreste der Römerstrasse lassen sich heute noch entdecken.

Unsere Wanderung über den Pass beginnt in Bourg-St-Pierre im Val d'Entremont. Bourg, wie es von den Einheimischen genannt wird, hat enge Beziehungen zu einem Mann, der sich um den Ruf der Passstrasse Verdienste erwarb: zu Napoleon Bonaparte. Von den unsäglichen Strapazen, unter denen seine Reservearmee von 40 000 Mann den Pass überquerte, berichtet Hauptmann Coignet, der diesen Zug mitgemacht hat:

«Nach einiger Zeit kamen wir in den Flecken St. Pierre, der beim Ausgang der Schlucht am St. Bernhard liegt.

Hier ließ man unsern ganzen Artilleriepark auseinandernehmen; der Konsul (Napoléon) selbst war dabei anwesend. Man legte unsere 3 Geschützrohre in einen Trog, einen ausgehöhlten Baumstamm, in den vorne ein großes Loch gebohrt war, damit dieses Gefährt richtig gelenkt werden konnte. Dieser Transport wurde von einem starken, intelligenten Kanonier geleitet, der 40 Grenadiere befehligte. Ohne Widerrede hieß es ihm gehorchen, damit das Geschütz auch richtig geführt werden konnte.

Am selben Abend bildete unser Kanonier sein Gespann, 40 Grenadiere auf jedes Geschütz... Beim Morgengrauen stellte uns der Meister alle zwanzig an unseren Trog, zehn auf jeder Seite. Ich war der erste vorne rechts. Dies war die gefährlichste Stelle, denn auf der rechten Seite öffneten sich die Ab-

Route:	Bourg-St.-Pierre–Lac des Toules–St. Bernhard-Passhöhe–St.-Rhémy
Wanderzeit:	Bourg-St.-Pierre–Passhöhe ca. 3½ Stunden Passhöhe–St.-Rhémy 2¼ Stunden
Karten:	Landeskarte der Schweiz 1 : 25 000 Blatt 1345, Orsières Blatt 1365, Gd. St. Bernhard
Unterkunfts- und Verpflegungsmöglichkeiten unterwegs:	Bourg-St.-Pierre Passhöhe Alte Zollstation St.-Rhémy
Anfahrt:	Mit dem Postauto (ab Martigny) bis Bourg-St.-Pierre
Rückfahrt:	Mit italienischem Bus bis St. Oyen, dann mit Postauto nach Martigny

gründe... Zwei Männer trugen eine Achse, zwei ein Rad, vier andere den oberen Teil der Protze und acht den Protzkasten. Weitere acht Grenadiere trugen die Gewehre.

Es war einer der schwierigsten Märsche, den man sich denken kann. Von Zeit zu Zeit hieß es ‹Halt!› oder ‹Vorwärts!›, und niemand sagte ein Wort. Doch dies alles war nur ein Spaß; denn erst im Schnee wurde es blutiger Ernst. Der Weg war vereist, und dadurch wurde das Schuhwerk zerschnitten. Unser Kanonier verlor die Herrschaft über sein Geschütz. Es rutschte ab und musste wieder heraufgebracht werden, wobei es den ganzen Mut dieses Mannes brauchte, um hart zu bleiben.

So gingen wir eine Stunde auf diesem mühsamen Weg. Dann mußte man uns einen Augenblick Ruhe gönnen, damit wir andere Schuhe anziehen (unsere waren in Fetzen) und ein Stück Zwieback abbrechen konnten.

Wir kamen auf den gefürchteten ewigen Schnee, doch dort ging es besser; unsere Kanone glitt rascher. Da schritt General Chambarlhac vorüber. Er ging auf den Kanonier zu und wollte das Marschtempo beschleunigen lassen. Doch er wurde schlecht empfangen. ‹Nicht Ihr befehligt mein Geschütz›, sagte der Kanonier, ‹ich allein bin dafür verantwortlich. Geht Eures Weges! Diese Grenadiere unterstehen in diesem Augenblick mir, und ich allein befehlige ihnen.› Der General will auf den Kanonier zukommen, aber der lässt anhalten. ‹Wenn Ihr Euch nicht von meinem Geschütz zurückzieht› – sagte er – ‹schlage ich Euch mit dem Ladestock nieder. Geht weiter oder ich werfe Euch in den Abgrund!› So blieb ihm nichts anderes übrig als weiterzugehen.

Mit unerhörten Anstrengungen erreichten wir das Kloster. 400 Schritte waren noch steil anzusteigen, und da sahen wir, dass uns andere Truppen vorangegangen waren. Denn der Weg war gebahnt, man hatte, um das Kloster besser erreichen zu können, Stufen geschlagen. Wir legten unsere Geschütze hin und traten – insgesamt 400 Grenadiere, mit einem Teil der Offiziere – in das Gotteshaus der Mönche, die sich ganz der Humanität geweiht haben und allen Paßgängern helfen und Beistand leisten. Die Hunde sind immer bereit, jene Unglücklichen zu führen, die in Schneelawinen zu geraten drohen. Sie bringen die Leute in dieses Haus, wo sie alle Hilfe einer edlen Menschlichkeit finden. Während unsere Offiziere und unser Oberst im Saale am Feuer sassen, gaben uns die ehrwürdigen Geistlichen einen Eimer Wein für je 12 Mann, dazu ein Viertel Greyerzer Käse und ein Pfund Brot und wiesen uns einen Platz in den weiten Gängen an. Diese guten Männer taten wirklich alles, was ihnen möglich war, und ich glaube, dass auch sie gut behandelt wurden. Wir drückten den guten Patres beim Abschied die Hände und streichelten ihre Hunde, die uns liebkosten, wie wenn sie uns gekannt hätten. Es fällt mir schwer, einen Ausdruck für die Verehrung zu finden, die ich diesen Menschen gegenüber empfinde.»

Noch heute wird in Bourg das Schreiben Napoleons aufbewahrt, in dem er sich verpflichtet, die Schäden, die seine Armee beim Durchmarsch angerichtet hat, auf Heller und Pfennig zu bezahlen. Vom Geld allerdings haben die Walliser bis heute nichts gesehen, weshalb Bourg-St.-Pierre die alte Forderung gegenüber der heutigen französischen Regierung geltend machen will. Eintragen wird das nichts – aber als Fremdenverkehrswerbung sind solche Geschichten stets brauchbar.

Der Weg auf den Pass ist nicht zu verfehlen. Es gilt lediglich, dem Lauf der Drance zu folgen, die knapp vor dem Scheitelpunkt als kleines Rinnsal aus dem Boden tritt. Der Pass-See selber fliesst nach Süden ab, in den Po, nicht wie die Drance in die Rhone. Dreieinhalb Stunden dauert der Aufstieg von Bourg zum Hospiz. Wir folgen vorerst für zweieinhalb Kilometer der alten Passstrasse, um dann in weiten Kehren zur Staumauer des Lac des Toules zu gelangen, dem wir auf der linken Seeseite entlangwandern. Einige Fischer sind die einzigen Menschen, denen wir begegnen. Nach dem See und kurz nach dem Tunnelportal stossen wir zwar auf die Autostrasse, doch erlauben Parallelwege, der Blechlawine auszuweichen. Nach dem ersten Lüftungskamin beginnt der interessanteste Teil des Aufstiegs, die sogenannte Combe-des-Morts. Hier lässt sich der alte, gepflästerte Weg stellenweise noch deutlich erkennen. Kaiser, Könige und Päpste sind über diese Steine geschritten oder geritten, zwei Jahrtausende abendländischer Geschichte liegen uns zu Füssen. Und noch etwas hängt mit der Combe-des-Morts zusammen: der Ruhm der Bernhardinerhunde. Hier war es zur Hauptsache, wo sie die erschöpften Wanderer aufspürten, ohne Branntweinfässchen freilich, dafür von einem Pater oder Frater des Hospizes begleitet.

Das Hospiz des heiligen St. Bernhard. Nach der Wanderwegeinsamkeit trifft uns der Rummel mit Souvenirkiosken, überfüllten Parkplätzen und drängelnden Menschen wie ein Schlag. Wie muss es wohl den Ordensleuten zumute sein, wenn sie sehen, wie weltlich es ausserhalb und innerhalb der Hospizmauern zugeht? Passgänger früherer Jahrhunderte haben an dieser Stelle gebetet, zuerst beim kleinen Heiligtum, das Jupiter geweiht war, später in der christlichen Kapelle. Heute aber – doch lassen wir uns die gute Laune an diesem prächtigen Tag nicht verderben.

Landesgrenze. Der italienische Zöllner scheint Fussgängern nicht zu trauen. Während er die Blechkarossen grosszügig durchwinkt, will er ganz genau wissen, was ich in meinem Rucksack mit mir trage. Gleich drei Kameras? Zum Glück weisen diese überdeutliche Gebrauchsspuren auf.

Das Hospiz auf dem Pass wurde im zweiten Jahrhundert von Bernhard von Aosta gegründet – rund tausend Jahre später ernannte die Kirche den Heiligen zum Schutzpatron. Das Hospiz und seine Bewohner standen ganz im Dienste der Reisenden, die damals nicht nur im Sommer, sondern auch im Winter die Alpen überquerten.

Noch als der englische Romantiker Charles Dickens über den Grossen St. Bernhard reiste, war das ein echtes Abenteuer:

«Endlich flimmerte auf dem Gipfel der Felsentreppe durch Schnee und Nebel ein Licht, die Führer riefen den Maultieren zu, diese hoben die hängenden Köpfe, die Zungen der Reisenden lösten sich, und mit plötzlich einsetzendem Glitschen, Klettern, Klingeln, Trappeln und Schwatzen erreichten sie die Klosterpforte.

Andere Maultiere waren kurz vorher angelangt, einige, auf denen Bauern ritten, und einige mit Waren, und hatten den Schnee vor der Tür zu einem Kotpfuhl zusammengetreten. Reitsättel und Zügel, Packsättel und Schellengurte, Maultiere und Menschen, Laternen, Fackeln, Säcke, Lebensmittel, Fässer, Käse, Tonnen mit Honig und Butter, Strohbündel und Pakete von allen Gestalten lagen und standen wirr durcheinander in diesem aufgestauten Morast und um die Stufen. Hier oben in den Wolken wurde alles durch Wolken gesehen und schien sich in Wolken aufzulösen. Der Atem der Menschen war Wolke, der Atem der Maultiere war Wolke, die Lichter waren von Wolkenkreisen umgeben, Leute, die dicht nebeneinander sprachen, waren wegen des Wolkendunstes nicht zu sehen, obwohl ihre Stim-

Einer der Hunde des St.-Bernhard-Hospiz mit seinem Führer auf der Suche nach im Schneesturm Verirrten

men und alle anderen Töne überraschend klar waren. Von der wolkigen Reihe von Maultieren, die eilig an Ringe in der Mauer gebunden wurden, biss oder schlug gelegentlich eines das andere, und dann geriet die ganze Nebelmasse in Verwirrung. Leute tauchten hinein, und Geschrei von Menschen und Tieren kam heraus, und keiner, der dabeistand, erfuhr, was fehlte. Mitten darin strömte der grosse Stall des Klosters, der das Erdgeschoss einnimmt und durch die Erdgeschosstür betreten wird, vor der all diese Verwirrung stattfand, seinen Beitrag von Wolkendunst aus, als ob das ganze rauhe Gebäude mit nichts anderem angefüllt wäre und zusammenbräche, sobald es sich entleert hätte, sodaß der Schnee dann auf den kahlen Berggipfel fiele...»

Der Abstieg vom Pass nach St-Rhémy, unserem heutigen Tagesziel, ist ein reines Vergnügen. Nach einer kurzen Geröllstrecke beginnt die südländische Vegetation, die von Meter zu Meter vielfältiger und bunter wird. Nur bei der alten Zollstation berühren wir die Passstrasse kurz, sonst macht sie sich höchstens durch ein fernes Brummen bemerkbar. Gemsen, Steinböcke und Adler sollen hier – wenn man Glück hat – zu erspähen sein. Im Sommer ziehen sie sich aber wohlweislich ins Schutzgebiet des Val de Ferret zurück.

Hier ist der Pfad stärker begangen als auf der Schweizer Seite. Für Maultiere und Fussgänger war und ist der alte Passweg sicher recht bequem, ob die vornehmen Leute, die sich in Sänften von acht Trägern über den Grossen St. Bernhard schleppen liessen, das Landschaftserlebnis so intensiv empfanden, wie wir es tun, wage ich zu bezweifeln.

Zwei Stunden nach dem Abmarsch vom Pass erreichen wir St.-Rhémy, unser Ziel. Das kleine Städtchen, das von der modernen Autostrasse umfahren wird, konnte sich seinen mittelalterlichen Charme weitgehend erhalten.

Saumtiere kurz vor dem Hospiz des Grossen St. Bernhard

Über den Monte Moro

Route:	Mattmark–Monte-Moro-Passhöhe–Macugnaga
Wanderzeit:	Mattmark–Monte-Moro-Passhöhe ca. 4 Stunden Passhöhe–Macugnaga ca. 3 Stunden
Karten:	Landeskarte der Schweiz 1 : 25 000 Blatt 1329, Saas (nicht unbedingt erforderlich) Blatt 1349, Monte Moro
Unterkunfts- und Verpflegungsmöglichkeiten unterwegs:	Mattmarksee Bergstation Seilbahn Macugnaga
Anfahrt:	Mit Postauto über Saas-Almagell nach Mattmark
Rückfahrt:	Macugnaga–Domodossola mit Linienbus Domodossola–Brig mit der Bahn

Auf diese Wanderung haben wir uns gut vorbereitet. Der Monte-Moro-Pass dürfte den meisten Schweizern unbekannt sein – dabei hat er früher eine wichtige, wenn auch geschichtlich nur schwer belegbare Rolle gespielt. Als gesichert gilt, dass die Sarazenen ihn am Ende des ersten Jahrtausends zu Einfällen aus dem Mittelmeerraum über die Alpen benützten. Mit dem Ruf «Allahu akbar!» mögen diese wilden Gesellen auf ihren schönen Pferden über den Monto Moro – Berg der Mauren – geritten sein und das Dorf mit dem seltsamen Namen Saas-Almagell gegründet haben.

Zwar sind die Fremden heute fast vergessen, ihre Rufe längst verklungen, und dennoch haben sich Erinnerungsspuren erhalten, Namen wie Allalin, Mischabel, Schams, Ayen, deren arabischer Ursprung nachweisbar ist, erinnern an die in unseren Alpentälern kaum mehr vorstellbare Präsenz der Sarazenen. Aber nicht nur diese Namen sind von den fremden Besuchern geblieben; aus dem 10. Jahrhundert stammt im Wallis ein Bewässerungssystem, wie man es genau gleich im maurischen Spanien, in Nordafrika und im Nahen Osten kennt.

Und nicht nur Namen und Bewässerungsanlagen sind Zeugen aus dieser lange vergangenen Zeit – es gibt Leute, die im Wesen manches Wallisers das maurische Erbe noch heute erkennen oder doch zumindest erahnen wollen...

Später wurde der Pass von Söldnern begangen, von Kaufleuten, von Maultierkolonnen, die Salz, Wein und Stoffe über die Walliser Alpen trugen. Und nicht zu vergessen die Schmuggler, denen – der lokalen Fama zufolge – der Monte Moro besonders zugesagt haben soll. Über den Monte-Moro-Pass zogen die Walser nach Süden, Macugnaga war früher deutschsprachig. Und zudem sehr erzreich, zahlreiche Schweizer aus dem Saastal arbeiteten dort in den italienischen Goldminen.

Unsere heutige Wanderung beginnt beim Staudamm von Mattmark. Rund ein Zehntel der im Wallis erzeugten Elektrizität stammt aus diesem See – in Erinnerung bleibt der Gletschersturz vom 30. August

1965, der 88 Arbeiter das Leben kostete. Für dreieinhalb Kilometer folgt der Weg, der eigentlich eine Fahrstrasse ist, dem linken Ufer des Mattmarksees, zwei Tunnel und mehrere stiebende Sturzbäche bringen Abwechslung. Wir befinden uns auf gut 2200 Meter – also bereits über der Waldgrenze –, bis zur Passhöhe werden wir noch 650 Höhenmeter zulegen müssen.

Wir kommen flott voran. Beim See-Ende beginnt der Aufstieg, vorerst wenig steil; der Weg lässt sich nicht verfehlen. Der Stafelbach wird auf einer schmalen Behelfsbrücke überquert, verbogene Eisenträger im Wasser verraten, dass das jetzt zahme Wasser offenbar recht gewaltsam wüten kann. Dann wird es steiler. Ungefährlich zwar, aber doch stellenweise mühsam. Glücklicherweise sprudeln überall Bäche und Rinnsale zu Tal, so dass wir uns erfrischen können. Wir wundern uns, wer alles über den Monte Moro zieht: «zünftig» ausgerüstete Bergwanderer, daneben aber auch Holländer in Turnschuhen, Italienerfamilien in Sandalen. Einigen ist anzusehen, dass sie ihre Kräfte und ihr Können vielleicht doch überschätzt haben. Mir kommt der Spruch eines Flugretters mit viel Hochgebirgserfahrung in den Sinn, der einmal anlässlich einer Helikopterdemonstration feststellte: «Wer in Halbschuhen in die Berge geht, ist selber einer!» Halbschuhe gibt es am Monte Moro an diesem Tag viele.

Auf dem Tällibodengletscher sind Skifahrer auszumachen.

Steinplatten, zu kühnen Treppen geschichtet, verraten den alten Saumpfad. Schnee vom letzten Winter saugt sich an den Schuhen fest, die Höhe von 2800 Metern macht sich bemerkbar.

3 Stunden 15 Minuten gibt das Wanderbuch «Vispertäler» als Zeitangabe für den Aufstieg von der Staudammkrone Mattmark auf den Monte-Moro-Pass an; wir haben fast vier Stunden gebraucht. Jetzt aber, auf dem 2868 Meter hohen Sattel, der gleichzeitig die Landesgrenze bildet, werden wir für unsere Mühe reichlich belohnt. Die Aussicht, die sich vor uns öffnet, ist überwältigend. Majestätisch, ein anderes Wort fällt mir nicht ein, die Monte-Rosa-Gruppe mit dem höchsten Gipfel der Schweiz, der Dufourspitze. Gönnen wir's den Italienern, dass die ganze Schönheit dieses Massivs eigentlich nur von Süden, von ihrem Gebiet aus, zur Geltung kommt. Landesgrenze, diesmal ohne Passkontrolle, obwohl wir unsere Identitätskarten natürlich bei uns tragen. Später, beim Zimmerbezug in Macugnaga, werden wir sie brauchen. Immerhin, zwei italienische Grenzer in schicker Skiuniform treffen wir im Bergstation-Restaurant. Sie trinken Chianti. Wir tun es ihnen gleich. Der Wein schmeckt ausgezeichnet.

Was folgt, ist eine echte Zumutung. Seit die Seilbahn Macugnaga–Passo Moro stündlich gegen vierhundert Passagiere in zwei Sektionen über eine Höhendifferenz von fast 1500 Meter zu schleppen vermag, haben die Italiener den alten Passweg sträflich vernachlässigt. Gestrüpp und Unkraut überwuchert den Pfad, der Bau von Skiliften hat hässliche Narben hinterlassen.

Auch hier brauchen wir länger, als im Wanderbuch angegeben – drei Stunden verbringen wir mit Suchen, Stolpern und gelegentlichem Schimpfen. Dann ist Macugnaga erreicht. Dauer der Wanderung über den Passo Moro: fast sieben Stunden.

Macugnaga unterscheidet sich wenig von Sommer- und Wintersportstationen nördlich der Alpen. Nicht nur die deutsche Sprache, auch der alte Walser Baustil mit seinen trotzigen Holzhäusern steht auf dem Aussterbeetat. Zwar ist das Gemeindehaus noch deutsch angeschrieben, mit dem Fräulein im Verkehrsbüro aber muss ich mich mangels Italienischkenntnissen auf Französisch unterhalten. Trotzdem: Das Essen schmeckt, die Betten können so stark knarren, wie sie wollen, wir schlafen neun Stunden lang. Und freuen uns bereits auf den Rückweg, auf dem wir – vernünftiger-, wenn auch nicht sportlicherweise – die Seilbahn benützen wollen. Bleibt die Frage, was die Sarazenen wohl bewogen hat, aus gastlichen italienischen Landen über einen solchen Hochgebirgspass gen Norden zu ziehen? Schliesslich trugen sie ja noch nicht einmal Halbschuhe...

Autorenverzeichnis

Gotthardpass	Text und Bild Hans Müller
In der Leventina	Text und Bild Hans Müller
San-Jorio-Pass	Text und Bild Hans Müller
Surenenpass	Text und Bild Hans Müller
Jochpass	Text und Bild Ger Peregrin
Hilferenpass	Text und Bild Ernst Baumann
Brünigpass	Text und Bild Ger Peregrin
Faulhorn	Text und Bild Ger Peregrin
Über die Gemmi	Text und Bild Ernst Baumann
Panixerpass	Text und Bild Mürra Zabel
Lukmanierpass	Text und Bild Mürra Zabel
Oberalppass	Text und Bild Mürra Zabel
San-Bernardino-Pass	Text und Bild Mürra Zabel
Über den Valserberg	Text und Bild Mürra Zabel
Über den Safierberg	Text und Bild Mürra Zabel
Glaspass	Text und Bild Mürra Zabel
Alter Schyn	Text Barbla Mani, Bild Christian von Faber-Castell
Albulapass	Text Barbla Mani, Bild Christian von Faber-Castell
Septimerpass	Text Barbla Mani, Bild Christian von Faber-Castell
Berninapass	Text Barbla Mani, Bild Christian von Faber-Castell
Scalettapass	Text Barbla Mani, Bild Christian von Faber-Castell
Rawilpass	Text und Bild Ger Peregrin
Grimselpass	Text und Bild Ger Peregrin
Griespass	Text und Bild Ger Peregrin
Nufenenpass	Text und Bild Ger Peregrin
Albrunpass	Text und Bild Ger Peregrin
Simplonpass	Text und Bild Ernst Baumann
Grosser St.-Berhard-Pass	Text und Bild Ernst Baumann
Über den Monte Moro	Text und Bild Ernst Baumann

Kartenskizzen

Gisela Brückel, Zürich

Verzeichnis der Bildquellen

Schweizerische Landesbibliothek, Bern: S. 22, 42.
Zentralbibliothek Zürich, Graphische Sammlung:
S. 6, 15, 27, 33, 36, 39, 48, 51, 55, 57, 66, 70, 84, 85, 88, 95, 98, 99.
Rätisches Museum, Chur: S. 9.
Österreichische Nationalbibliothek, Wien: Zeichnung von Hackaert (Vorsatz).

Literaturverzeichnis

Arnold, Peter	2000 Jahre Pass- und Fremdenverkehr im Wallis, Brig 1979
Baedeker	Die Schweiz, Koblenz 1851
Bützer, Hans-Peter	Der neue grosse Schweizer Wander-Atlas, Bern 1978
Bumann, Peter	Der Verkehr am Simplon, Visp 1974
Caroni, Pio	Dorfgemeinschaften und Säumergenossenschaften in der mittelalterlichen und neuzeitlichen Schweiz, Bern o. J.
Eckert, Gerhard	Die Schweiz, Köln 1978
Egli, Emil	Erlebte Landschaft, Zürich 1961
Geographisches Lexikon der Schweiz, Neuenburg 1902–1910	
Gianett, Cloetta Gian	Bergün-Bravuogn, Thusis 1964
Haube, Georg (Hrsg.)	Die grossen Alpenpässe, Stuttgart 1967
Jegerlehner, Johannes Nil, Martin Brawand, Samuel	100 Jahre Faulhorn (Festschrift)
Jenny, Rudolf	Aus der Geschichte des San Bernardino, Chur 1968
Jenny, Rudolf	Historisches Exposé San Bernardino, Chur 1963
Joos, L.	Safien unter der Herrschaft der Trivulzio, Chur 1933
Laely, A.	Davoser Heimatkunde, Davos 1952
Margadant, Silvio	Land und Leute Graubündens im Spiegel der Reiseliteratur 1482–1800, Zürich 1978
Messmer, Elisabeth	Scharans, Basel 1976
Mohler, Hans	Das Domleschg, Bern 1965
Müller, Iso	Der Passverkehr über Furka-Oberalp um 1200, Brig 1950
Müller, Iso	Die Pässe von Glarus nach Graubünden, Chur 1962
Muoth, J. C.	Die Thalgemeinde Tavetsch, Chur 1898
Nething, Hans Peter	Der Gotthard, Thun 1976
Pfister, Hermann	Das Transportwesen der internationalen Handelswege von Graubünden, Chur 1913
Planta, Armon	Alte Wege durch die Rofla und die Viamala, Chur 1980
Reinhard, Raphael	Topographisch-historische Studien über die Pässe und Strassen in den Walliser, Tessiner und Bündner Alpen, Luzern 1901
Schnyder, Werner	Handel und Verkehr über die Bündner Pässe im Mittelalter, Bd. 1 und 2, Zürich 1975
Schulte, Aloys	Geschichte des mittelalterlichen Handels und Verkehrs, Berlin 1900 (Neudruck 1966)
Sprecher, J. A. von	Kulturgeschichte der drei Bünde im 18. Jahrhundert, Chur 1976
Tscharner, J. H. von	Wanderungen durch die Rhätischen Alpen, Bd. 1 und 2, Zürich 1829 und 1831
Zeller, Willy	Kunst und Kultur in Graubünden, Bern 1972
Zeller, Willy	Naturwunder Schweiz, Zürich 1974
Zinsli, Paul	Walser Volkstum, Frauenfeld 1968

Gotthardpass: Kurz nach Göschenen, am Eingang zur Schöllenen, zweigt der alte Saumpfad von der Strasse ab und überquert die Häderlisbrücke. Sie bildete einst die Grenze zwischen den Zuständigkeitsbereichen der Leute von Uri und von Urseren. Man sagt, der Name leite sich ab vom Hader, der deswegen gelegentlich entstanden sei.

Der sogenannte Langobardenturm in Hospental hat nichts mit den Langobarden zu tun, sondern war Sitz der Edlen von Hospental, die 1285 als Lehensleute des Klosters Disentis zum erstenmal erwähnt werden.

Auf dem Gamsboden und ob dem Mätteli gegen das Brüggloch ist der alte gepflästerte Saumweg noch gut erhalten. Auf ihm wandern wir der Passhöhe entgegen.

Die Karlskapelle steht am oberen Dorfende von Hospental, wo sich Gotthard- und Furkastrasse trennten. Sie wurde 1718 erbaut und trägt die Inschrift:
«Hier trennt der Weg, o Freund, wo gehst du hin?
Willst du zum ewgen Rom hinunterziehn,
Hinab zum heil'gen Köln, zum deutschen Rhein,
Nach Westen weit ins Frankenland hinein?»

In der Leventina: Die Kirche San Nicolao in Giornico gilt als die schönste romanische Kirche im Tessin. Sie wird 1210 erwähnt und stammt vermutlich aus dem 12. Jahrhundert.

Die Kirche San Pellegrino steht mitten im Wald am alten Saumweg oberhalb Altirolo. Sie wurde 1345 geweiht, im Innern ist sie mit schönen Fresken bemalt.

Blick in die Krypta der Kirche San Nicolao in Giornico. Die Krypta enthielt ursprünglich ein Heiligengrab.

In der Leventina: Die Wallfahrtskirche San Pellegrino steht am alten Saumweg im Wald oberhalb Giornico. Sie ist meist verlassen und verschlossen, zeigt aber auch an der Aussenwand originelle Malereien der Wappen von Uri und Leventina.

San-Jorio-Pass: Der Abstieg von der San-Jorio-Passhöhe führt auf der italienischen Seite zunächst über weite kahle Alpen ins Val Dongo. Bei Begua erreicht der Wanderer die ersten Häuser und Bäume. Blick zurück zum Dosso di Brento.

Nach dem Zollhaus von Carena führt der Passweg zunächst fast eben ins Val Morobbia hinein. Der Nachschub für die Alpen wird heute noch gesäumt.

Auf der italienischen Seite führt ein Strässchen von der Passhöhe bis zu den ersten Häusern, dann besser ausgebaut nach Garzeno und von dort als asphaltierte Strasse über Germasino nach Dongo. Kurz nach Germasino zweigt jedoch der alte Weg rechts ab, durchquert ein kleines Tobel (auf dem Bild sieht man oben die Strassenbrücke) und führt dann in steilem Zickzack mit schönem Ausblick auf den Comersee durch Rebberge nach Dongo hinunter.

Surenenpass: Von der Alp Waldnacht führt der alte Weg steil nach Attinghausen hinunter.

Kurz vor der Blackenalp steht das Blackenchappeli, wo früher jedes Jahr Bittgottesdienste um Schutz vor dem Greiss gehalten wurden. Im Hintergrund die Felswände des Wissig- und Blackenstocks.

Im Talboden der Alp Waldnacht steht diese Alphütte. Der neue Weg führt hoch oben über den Grat zur Seilbahnstation Brüsti.

Surenenpass: Die Surenen-Passhöhe trennt die schönen grünen Weiden auf der Engelberger Seite von einer kahlen Geröllwüste auf der Urner Seite. Vor uns die schroffen Felsen des Blackenstocks.

Jochpass: Durch das langgezogene Gental plätschert das Gentalwasser munter durch helle Wiesen und dunkle Wälder, sprudelt talwärts, vereinigt sich bei Mülital mit dem Gadmerwasser, ergiesst sich mit ihm bei Innertkirchen in die Aare. Von der Gegenseite des Haslitals grüssen majestätisch die Schneeriesen des Berner Oberlandes.

Am Trübsee.

Sennhütte am Weg zum Engstlensee.

Distel: Stachlige Schönheit im Verborgenen.

Hilferenpass: Waldarbeiterschicksal: Kreuze und Gedenktafeln erinnern an Unglücksfälle, die meist beim Holzen passierten.

Der Aufstieg zum Hilferenpass ist stellenweise stark sumpfig, wer sich an den markierten Weg hält, wird davon aber nicht viel merken. Besonders lohnend ist die Passwanderung im Frühling, wenn die Alpenblumen blühen.

Entlebucher Bauernhaus am Aufstieg zum Hilferenpass. Etwas windschief zwar, aber mit seinen braungebrannten Schindeln richtig heimelig.

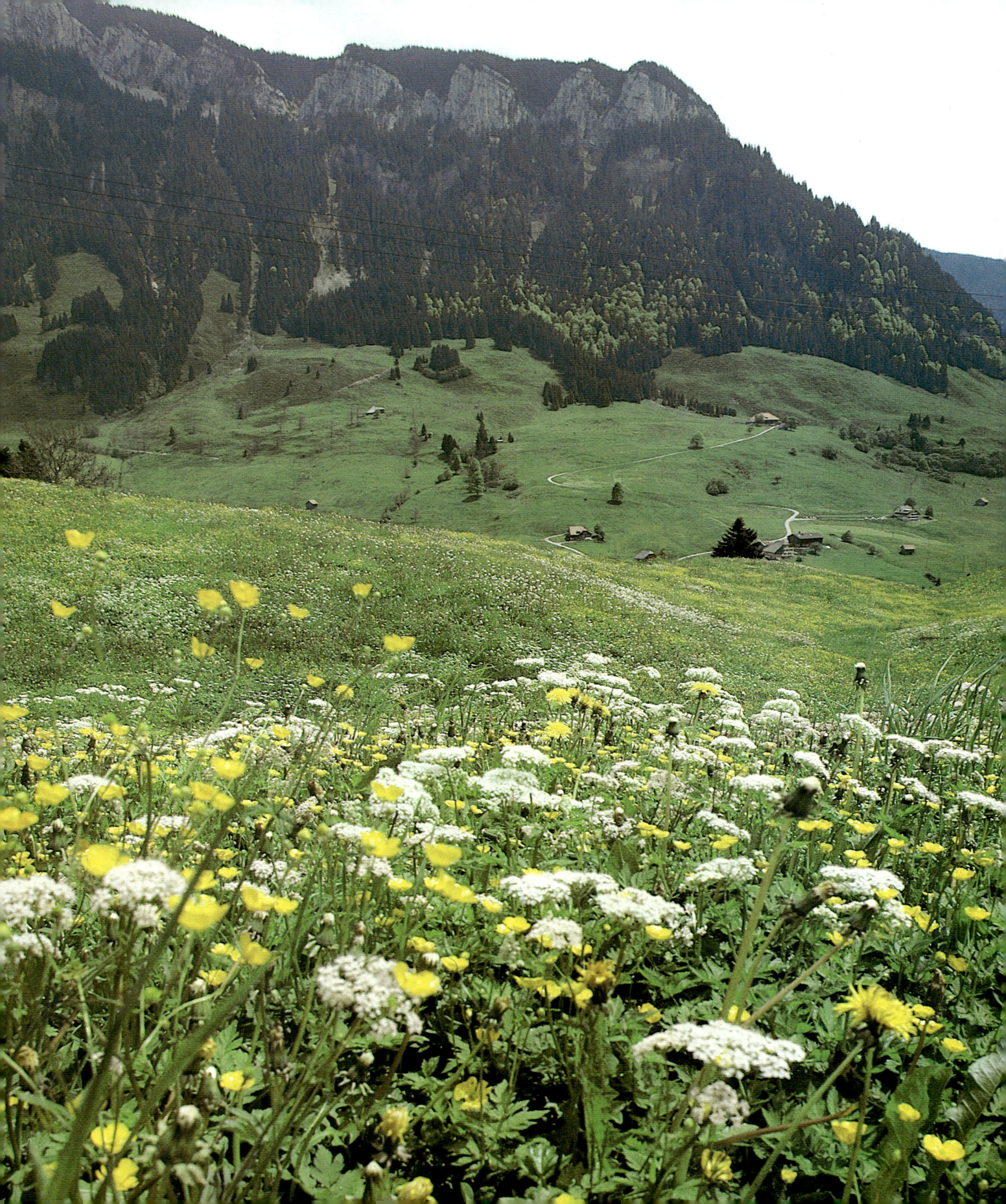

lferenpass: Zwar
rmag die schroffe
and der Schrattenflue
m Weg über den
lferenpass so etwas
e eine gebirgige Note
 geben, sonst aber
sen Blumenwiesen
d Alpweiden
kennen, dass wir uns
 Grenzgebiet
ischen Emmental und
tlebuch befinden. Rar
 worden hingegen ist
r Wald, was nicht
ten zu Erdrutschen
d Überschwem-
ngen führt.

Brünigpass: Da, wo fette
Wiesen für fette Herden
grünen, lappten vor
Jahrtausenden die
Eismassen des Aareglet-
schers hinüber zum
Lungernsee. Anstelle des
Gletschers ziehen heute
Bahn und Auto, Spazier-
gänger und Wanderer
über den alten Über-
gang, der zu den niedrig-
sten des ganzen Alpen-
landes gehört.

Holzschopf am Weg zwischen der Brünigpasshöhe und unserem Ziel Meiringen.

Munter plätschern die Wasser vom Halsiberg der Aare zu.

Meiringen. Eingang zur Kapelle, im Hintergrund der wuchtige romanische Kirchturm.

Von der Schynigen Platte aufs Faulhorn: Bergweg vom Oberberg zum Lauchernhorn.

Hart an der Waldgrenze. Kampf der belebten Natur gegen die Härte des Klimas.

Täglich ein- bis zweimal vom Berghotel Faulhorn bis Grindelwald First ... und zurück.

Von der Schynigen Platte aufs Faulhorn: Faulhorn – Grindelwald-First: Wohl der jüngste Saumpfad der Schweiz. Denn als auf den andern Pässen der Schweiz die Säumer von Schiene und Strasse verdrängt wurden, da erlebte der Säumerbetrieb am Faulhorn, dem höchstgelegenen Berghotel in der Frühzeit des Tourismus, eben erst seinen Aufschwung. Seine grosse Zeit ist zwar vorbei, aber noch gibt es ihn, den Saumdienst am Faulhorn.

Über die Gemmi: Wie kühn der Bergpfad in der 600 m hohen Gemmiwand angelegt ist, zeigt der Blick aus der Kabine der Seilbahn Leukerbad-Gemmi. Doch keine Angst: der steile Zickzackweg ist überall gut gesichert und breit genug, um auch bei bergungewohnten Wanderern keine Schwindelgefühle aufkommen zu lassen.

Die Gemmiwand. Wer sie von Leukerbad aus betrachtet, glaubt kaum, dass sie von einem zwar steilen aber doch recht breiten Saum- und Fussweg bezwungen wird. Die Geländer machen einen vertrauenerweckenden Eindruck – auch Nicht-Schwindelfreie dürfen sich in die Gemmiwand wagen.

Auf der Spittelmatte soll früher ein Hospiz gestanden sein. Heute sömmert hier Vieh, darunter auch eine muntere Schar Schweine. Ganz in der Nähe liegen die Arvenseelein, an denen die meisten Passwanderer achtlos vorbeigehen. Eine Rast lohnt sich.

Panixerpass: Unterhalb der Passhöhe bilden hohe Felswände eine enge Schlucht. Zwischen Geröll und Felsbrocken schlängelt sich der schmale Weg hindurch.

Die Gedenktafel an der Schutzhütte auf der Passhöhe.

Der jahrhundertealte Verbindungsweg zwischen dem Glarnerland und dem Vorderrheintal wird noch immer unterhalten.

Panixerpass: Die Panixer-Passhöhe ist eine wilde, unwirtliche Hochebene von ganz besonderem Reiz. Hier, am Fusse des Hausstocks, wurde die Armee des russischen Generals Suworow im Oktober 1799 von einem Wetterumsturz überrascht. Mehr als 200 Soldaten und Offiziere sollen auf dem Weg von Elm nach Ilanz ihr Leben gelassen haben.

Lukmanierpass: Bei der Alp Stgegia führt diese a[lte] Brücke über die Froda. An der Westseite leiten ein[ige] breite Stufen, deren Pflasterung heute dicht üb[er]wachsen ist, zur Brücke hina[b].

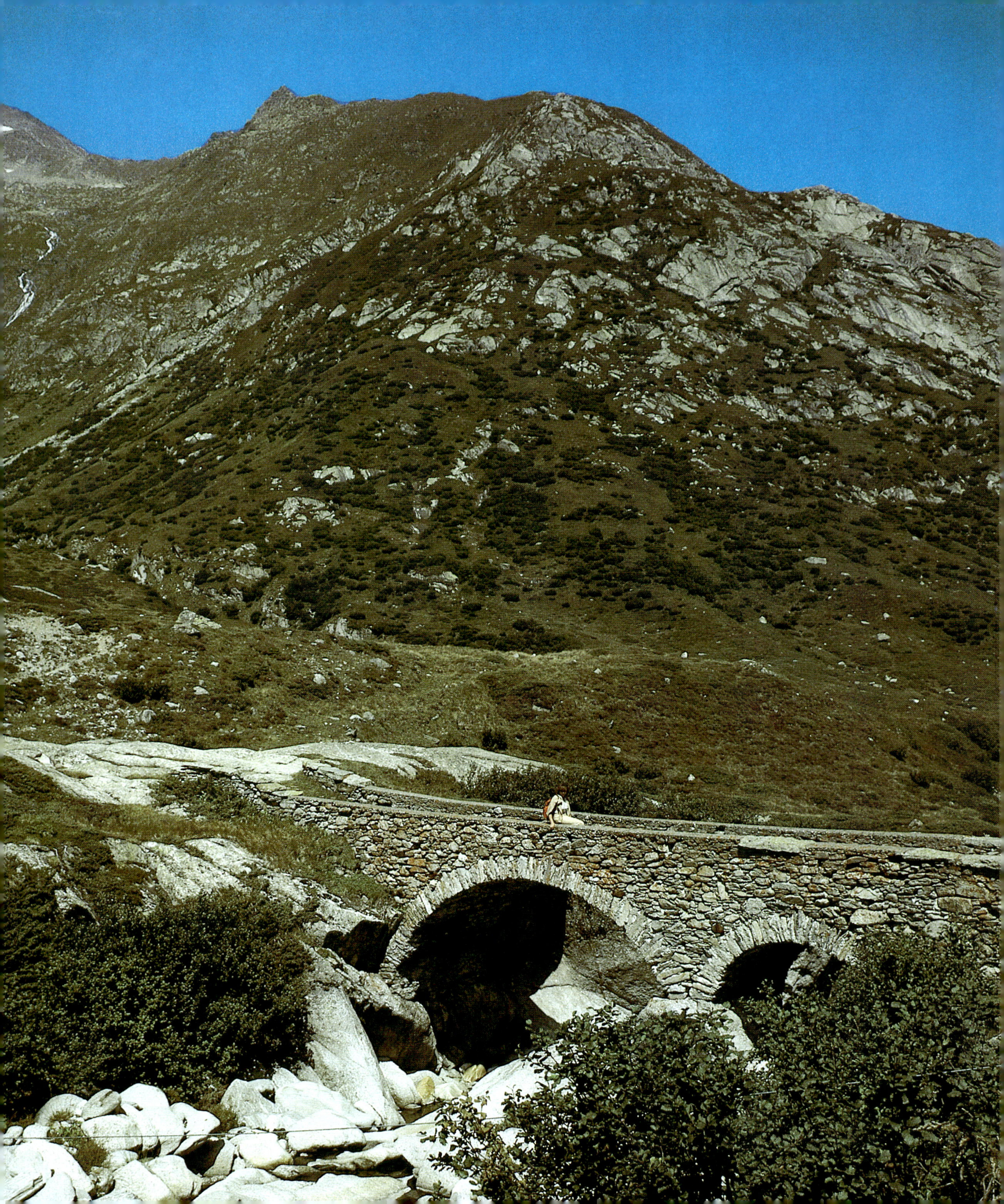

Die steinerne Brücke zwischen Curaglia und Palì heisst im Volksmund «Römerbrücke». Vermutlich stammt sie aber aus dem Mittelalter.

Im hochgelegenen Medelsertal waren die Sommer zu kurz, um das Getreide ausreifen zu lassen. Darum wurden die Garben zum Trocknen aufgehängt.

Die äusserlich unscheinbare Kapelle Sogn Gagl gehörte wohl zum ersten Lukmanier-Hospiz, das später eine Wegstunde passaufwärts verlegt wurde. Um 1930 entdeckte der Disentiser Forscher und Pater Notker Curti im Andachtsraum wertvolle, wohl aus dem 14. Jh. stammende Fresken.

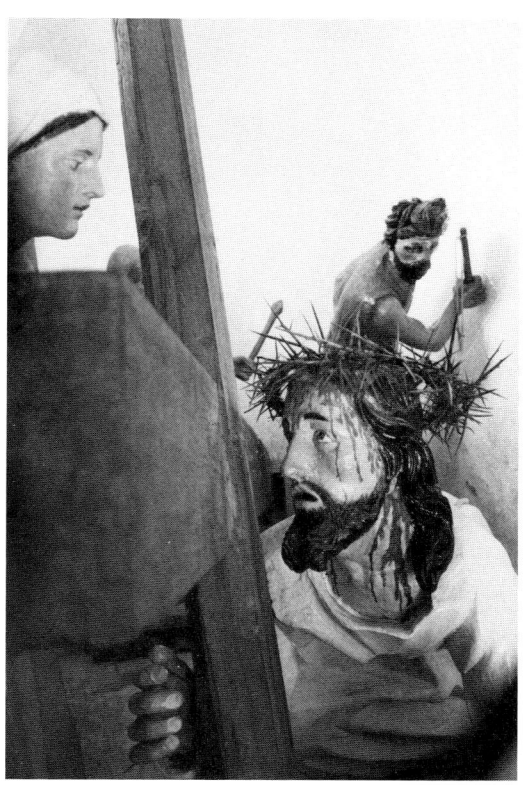

Der leidende Christus strauchelt unter der Last des Kreuzes. Detail aus der eindrücklichen Figurengruppe in der Sedruner Kapelle.

Oberalppass: In der Nähe von Rueras steht inmitten einer Matte dieser originell geschmückte Schopf.

Die «Senda sursilvana» ist eine durchgehend markierte Wanderroute durchs Bündner Oberland vom Oberalppass bis nach Chur.

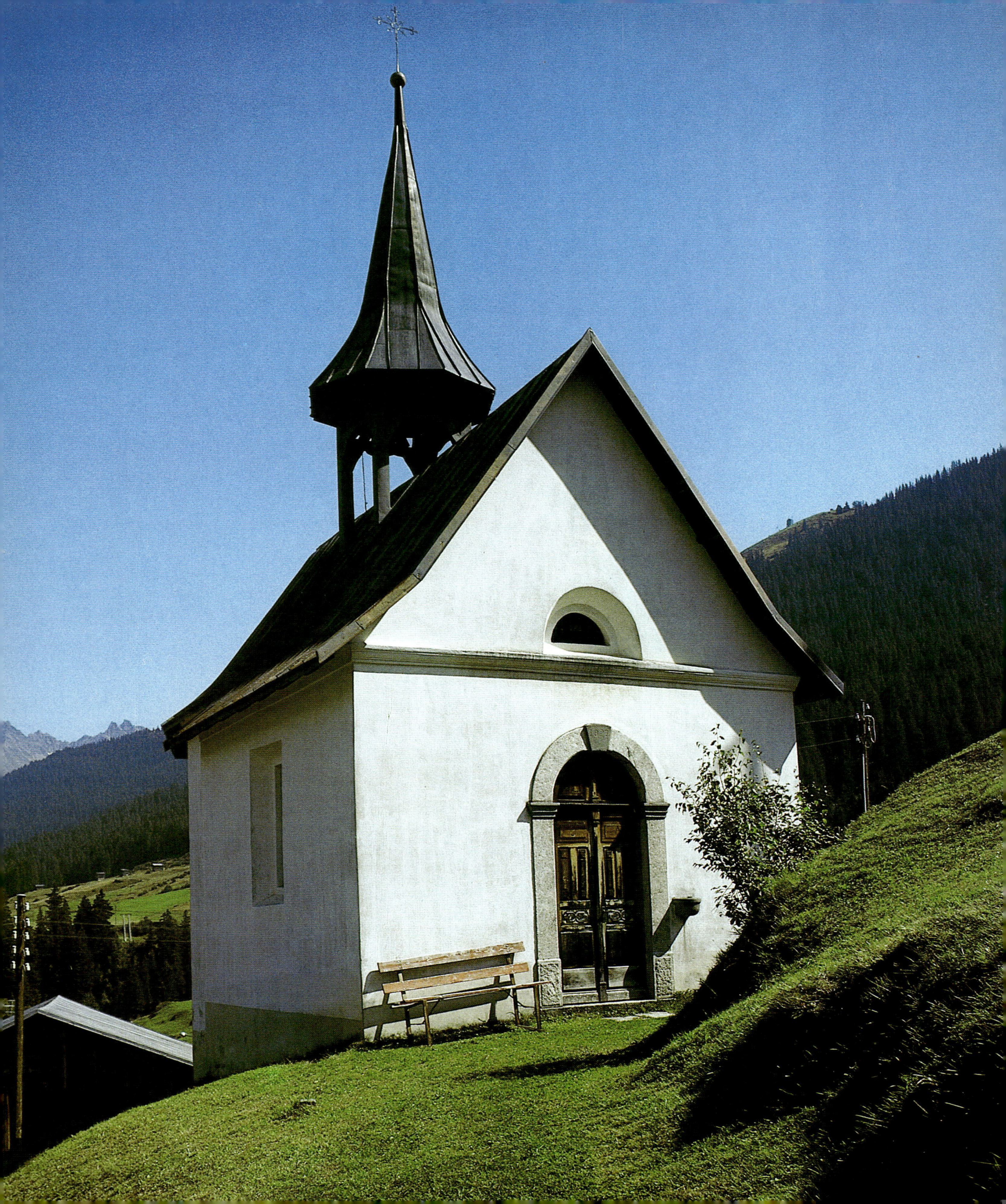

…eralppass: Den alten Verkehrswegen entlang wurden …pellen errichtet, in denen die Reisenden um Schutz …l Segen auf ihrem Weg beteten. Hatten sie eine …ährliche Etappe glücklich hinter sich gebracht, …kten sie in den Gotteshäusern für die Errettung aus …sser Gefahr. Dieses kleine Andachtshaus steht am …r Cavorgia führenden alten Weg zwischen Sedrun …l Disentis.

San-Bernardino-Pass: Hatten die Reisenden glücklich den Weg über den Pass und den steilen Abhang des Wälschberges hinter sich, überquerten sie den Rhein auf der alten Landbrugg und erreichten dann endlich das schützende Dörfchen Hinterrhein. Die 1692 erbaute Brücke wurde mehrfach durch die Fluten des Flusses beschädigt und zuletzt 1935 mit Hilfe des Heimatschutzes instand gestellt.

Hinterrhein, einst wichtiger Etappenort, dessen Bewohner als «habliche Leute» beschrieben wurden, ist heute ein stilles Dorf abseits der Autobahn. Man entdeckt noch vieles aus der Zeit des Passhandels, wie z. B. diese in die Mauern eingelassenen Eisenringe, an denen die Saumtiere angebunden wurden.

Kommt man vom San Bernardino, wandert man noch eine kurze Strecke entlang des Hinterrheins, um ihn dann auf der alten Landbrugg zu überqueren.

Der Weg über den San Bernardino führt durch eine eigenartige, von Gletschern geformte Landschaft, in der die Spuren des alten Verkehrsweges immer wieder sichtbar sind.

Über den Valserberg: Die Bergträger brachten den geschätzten Traubensaft aus dem Süden im hölzernen «Lägel» ins Tal, die Touristen benutzten dafür Flaschen...

Entlang des alten Weges zeugen die blumengeschmückten Andachtsstätten vom Glauben der Talbewohner, die, im Gegensatz zu den reformierten Nachbarn von Safien und Rheinwald, katholisch sind.

Über den Valserberg: «Der Pass über den Valserberg ist im Sommer und Winter ohne grosse Gefahr begehbar und muss in alten Zeiten beidseits bis annähernd auf die Passhöhe mit Arven bewaldet gewesen sein. Über ihn zogen im Sommer die Saumrosse auf der Rossstrasse des Peilertales nach dem alten Veltlin, denn auch der Valser hatte Verlangen nach dem feurigen Weine des Untertanenlandes. Im Winter besorgte eine eigene Gilde, die Bergträger, den Transport der Lebensmittel über den Berg nach Vals», schreibt J. Jörger in seiner Chronik «Bei den Walser des Valsertales.» Blick auf Valé.

Über den Safierberg: «Das vom Splügenpass gegen das Dorf Splügen führende Seitentälchen des Häusernbaches, woselbst von alters her die Rheinwalder Zollstätte war, findet gegen Norden eine direkte Fortsetzung durch das Tälchen der Stutzalp hinauf zum 2490 m hohen Pass des Safierberges. So war denn das Tal dazu bestimmt, am Nord-Süd-Verkehr einen regen Anteil zu nehmen», schreibt der Historiker Prof. Dr. L. Joos.
Blick zurück auf Splügen.

Zu den wohlhabendsten und einflussreichsten Familien im alten Splügen gehörte das Geschlecht der von Schorsch. Während der Blütezeit des Passverkehrs liessen sie prunkvolle Gebäude errichten. Eines der Schorsch-Häuser beherbergt heute das Talmuseum des Rheinwald.

Die Herkunft des gotischen Fensters im Giebel des unteren Turahus, einem ehemaligen Podestàhaus, ist bis heute ungeklärt.

Safiental entdeckt man immer wieder solche malerischen Winkel.

Glaspass: Je höher man von Platz aus zum Glaspass aufsteigt, desto mehr weitet sich der Blick auf die gegenüberliegenden Hänge mit den weit verstreuten Gehöften.

Aus der Zeit, als Handwerk noch geschätzt war, stammt dieses verwitterte Tor zu einem alten Holzschopf.

Zwischen Tschappina und Urmein führt der alte Weg zwischen Wiesen und Feldern hindurch.

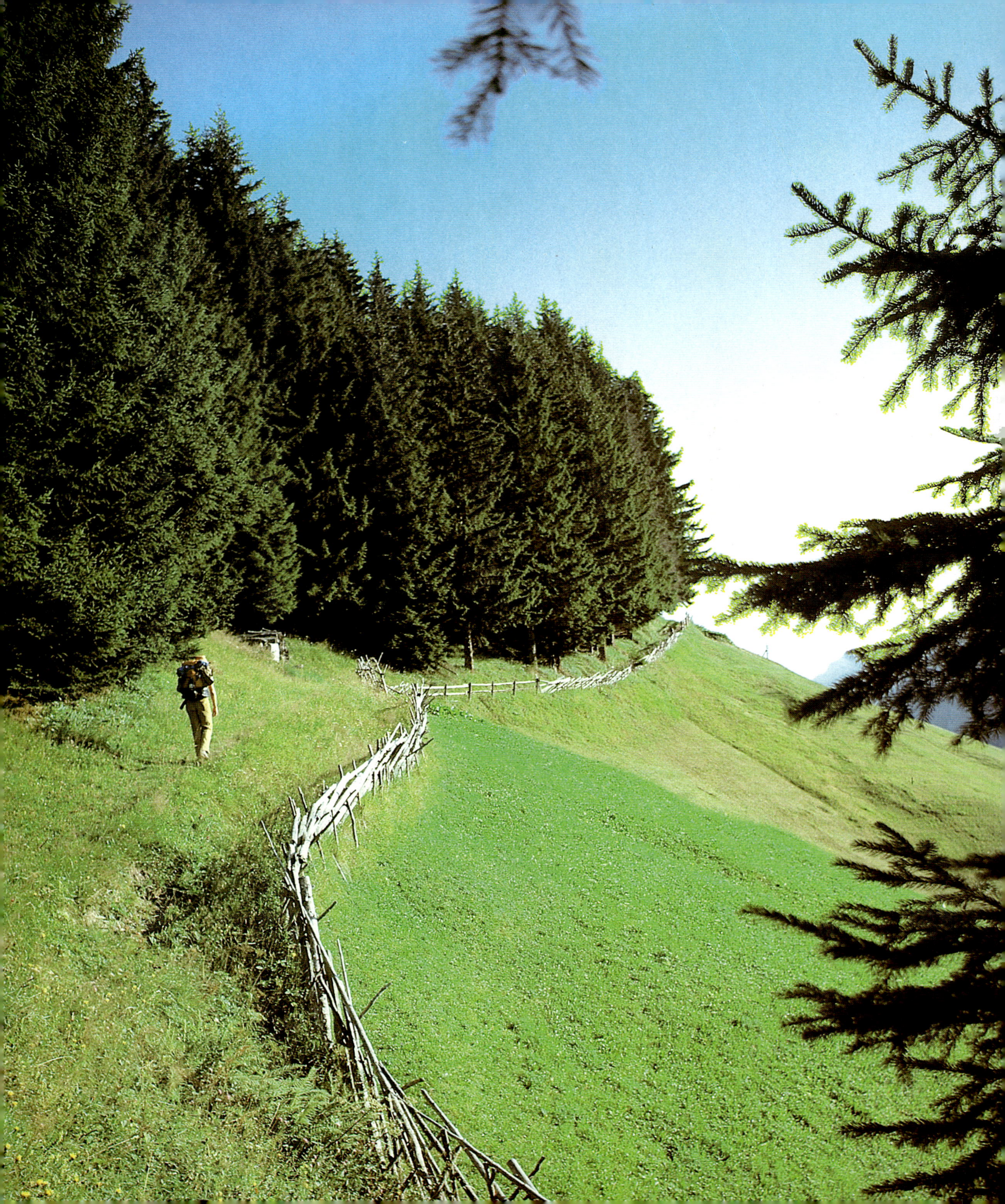

...aspass: Das Safiental, ... Mittelalter eine wich-... ndnerischen Saum-...assennetz, liegt heute ...seits des grossen ...rkehrs. In diesem ...llen Hochtal hat sich ...her vieles erhalten, ...s in anderen Tälern ...ngst der Vergangen-...it angehört. So ...gegnet man hier ...ufig den typischen ...eflochtenen» Holz-...unen entlang der ...ege.

Alter Schyn: Von Pleuna aus, einem einmaligen Aussichtspunkt am wildromantischen Schynweg, bekommt man einen unvergesslichen Eindruck vom tälerreichen Graubünden. Hier ein Blick ins Albulatal und Oberhalbsstein.

Das von Hans Ardüser bemalte Haus Gees in Scharans diente früher den Säumern als Gasthaus.

Die Vorhalle der Kirche St. Johannes Baptista in Muldain.

Gleich nach der Kapelle beginnt der eigentliche Alte-Schyn-Weg.

Albulapass: Sgraffitoverziertes Haus in Bergün im Albulatal.

Spuren der einstigen «Via Imperiela» über den Albulapass.

Albulapass: La Punt ist eine typische Passfuss-Siedlung am Beginn zum früher häufig begangenen Albulapass. Noch heute besticht es durch seine stattlichen Bürgerhäuser.

Der Palpuognasee am Albulapass ist das Traumausflugsziel vieler Naturfreunde.

Septimerpa[ss]
Auf der vo[m]
Verkehrsve[rein]
Bivio
organisierte[n]
«Historisch[en]
Septimer-
Wanderung[»]
folgt der
Wanderer
einer Säum[er]
kolonne.

In Casaccia,
dem hübschen
Bergeller
Passfussort,
trifft der
Septimerweg
mit der
Malojaroute
zusammen.

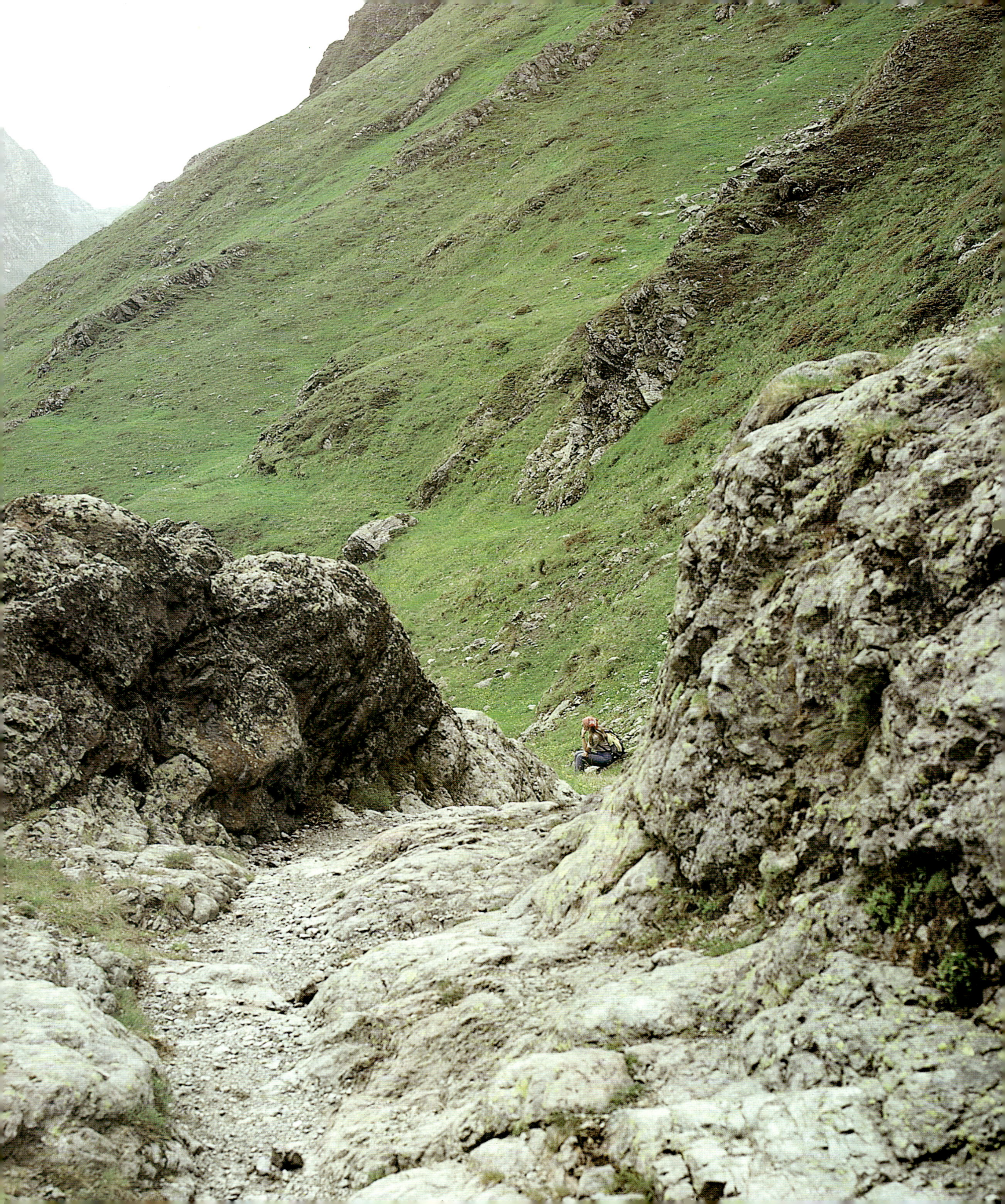

...ptimerpass: Auf dem historischen, schon von den
...ömern begangenen Septimerweg staunt man über die
...eistungen der einstigen Strassenbauer.

Berninapass: La Rösa, wichtiges Etappenziel der
Säumer, wurde von C. F. Meyer im Gedicht verewigt.

Poschiavo ist reich an Patrizierhäusern und interessanten kirchlichen Baudenkmälern.

Dieser zerfallene alte Pfad am Berninapass wurde einst wöchentlich von 200 bis 300 Saumpferden begangen.

Typisch für das Puschlav: der Trullo, ein bienenkorbartiger Milchkeller.

Nach der düsteren Schlucht des Poschiavino öffnet sich die fruchtbare Puschlaver Talstufe auf rund 1000 m ü. M. Schon zeugt die Architektur von der Nähe des Südens.

Scalettapass: Von Susauna, dem ehemaligen Säumer- und Ruttnerdorf, führt ein wilder Passweg über den Scalettapass nach Davos. Er war früher weit mehr begangen als jener über den Flüela.

Der verwitterte alte Saumweg von der Scaletta-Passhöhe ins Dischmatal hinunter ist nur Abenteurern zu empfehlen.

Wildzerklüftete Bergwelt im Val Susauna.

Dürrboden am Fusse des Scalettapasses.

Rawilpass: Plan des Roses.

Unser Weg führt durch die schroffen Steilwände an den Nordausläufern des Mittaghorns entlang.

Tränke auf der Alp Lourantse.

Rawilpass: Kommt man durch den Felsenkessel des Plan des Roses hinauf zum Rawilpass, so überraschen, kaum ist man über den Kesselrand hinausgetreten, die Spiegelflächen der kleinen Gebirgseen, die zwischen Mittaghorn und Rohrbachstein mit ihrem wechselhaften Farbenspiel das Auge des Wanderers beglücken.

Grimselpass: Im Grimselgebiet haben die urzeitlichen Gletscher eindrückliche Spuren hinterlassen. Phantastische Granitschliffe glitzern im Sonnenlicht, gewaltige Rundbuckel ducken sich im Land, wuchtige Felskegel ragen in den tiefblauen Himmel. Das alte Grimselhospiz liegt in den Fluten des Grimselsees. Dieses Hospiz war wohl die wichtigste Station auf dem Saumpfad Domodossola–Bern.

Diese alte Säumerbrücke erleichtert uns den Aufstieg zur Grimsel.

Typisches Bauerhaus im Oberhasli.

Griespass: Im Zickzack führt unser Weg talwärts, hinab in die Valle des Gries.

Holzstiege an einem Haus in Ulrichen.

Wie ein Zuckerstock ragt das Bochtehorn in den blauen Himmel.

Griespass: Am Eingang zum Äginental steht die Kapelle «im Loch» am alten Weg der Säumer. Manch einer mag hier eingekehrt sein, mag Einkehr gehalten haben, bevor es hinaufging in die unwirtlichen Höhen des Nufenenpasses oder des Griespasses. Beide Übergänge haben hier ihren Anfang, führen gemeinsam durchs Äginental und trennen sich dann: der Nufenen hinüber ins Bedretto, der Gries hinab ins Pomatt.

Nufenenpass: Für den Säumer, Pilger, Wanderer aller Zeiten wohl ein erhebendes Erlebnis: Man ist unten im Bedretto, man ist endgültig «über den Berg», man ist am Wasser des jungen Ticino. Folgt man seinem Lauf, kommt man zum Lago Maggiore, kommt westlich an Mailand vorbei, wo es auch heute noch eine «Porta Ticino» gibt, kommt nach Pavia, wo der Ticino in den Po fliesst, der durch die grosse Ebene dem fernen Venedig entgegentreibt.

Im Bedretto: Blick nach Westen hinauf zur Passhöhe des Nufenen.

Im zauberhaften Bedretto folgen wir dem Lauf des jungen Ticino.

Albrunpass: Vom Oxefeld zur Binntalhütte.

Morscher Steg auf der Alpe Codelago.

Vor Jahrhunderten angelegter Plattenweg: Gestern Saumpfad, heute Wanderweg.

Albrunpass: Crampiolo ist das oberste Dorf der Valle Dévero. Alte Mauern zeugen von noch höher gelegenen Siedlungen oberhalb des Lago di Dévero. Heute aber ist das unterhalb des Stausees gelegene Crampiolo die nördlichste und höchste Siedlung des Tals, in dem ein zähes Bergvolk dem kargen Boden den Lebensunterhalt abringt.

Noch ist auf dem Saumpfad von Albrun das Menschenwerk alter Zeiten sichtbar. Man weiss, dass die Talschaften unter sich Abkommen zum Ausbau der Saumwege abschlossen. Stützmauern, Trockenmauerwerk und Steilpflaster machten den Berg wegsamer, belebten Handel und Wandel. Hier der Plattenweg auf der italienischen Seite des Albrun.

Simplonpass: Abstieg von Furggau ins Zwischbergental. Wir nähern uns den Goldminen. Kenner schätzen hier die reichhaltige Flora, die viele seltene Pflanzen umfasst. Heidelbeeren und Pilze laden zum Verweilen ein.

In Lingwurm ob Brig scheint die Zeit stillgestanden zu sein. Man würde sich nicht wundern, wenn plötzlich ein Maultiertross entgegenkäme. Abseits der modernen Simplonstrasse ist vom Rummel des Massenverkehrs nichts zu spüren.

Zwischen Brig und Lingwurm ist der «Römerweg» über den Simplon noch am besten erhalten.

Die Leute im Zwischbergental haben kein leichtes Leben: Lawinenabweiser über den Alphütten berichten vom Schneereichtum der Gegend. Im Gegensatz zu früher sind die meisten Bergbauernhäuser nur noch im Sommer bewohnt.

Südländische Leichtigkeit im strengen Brig: Wo immer der grosse Stockalper seine Spuren hinterlassen hat, glaubt man sich in die Lombardei versetzt. Dank Simplonstrasse und Bahntunnel vermochte sich die Oberwalliser Metropole ihren weltoffenen Geist bis heute zu erhalten.

Simplonpass: Es lohnt sich, beim Verlassen Brigs einen Blick zurück zu tun. Die charakteristischen Zwiebeltürme des Stockalperpalastes erinnern an den grossen Walliser, der im 17. Jahrhundert ein Transport- und Verbindungssystem mit Zentrum Simplon schuf, das weit nach Frankreich und Italien hineinreichte.

Grosser St.-Bernhard-Pass: Auf dem Grossen St. Bernhard verläuft die schweizerisch-italienische Landesgrenze quer durch den Pass-See. Die Gebäude im Hintergrund gehören zu Italien. Das kleine Museum im Hospiz lohnt einen Besuch, populärer allerdings ist der Zwinger mit den Bernhardinerhunden, der richtiggehend belagert wird, wann immer ein Bus mit Touristen auf der Passhöhe haltmacht. Übrigens: Die Geschichte vom Branntweinfässchen ist Legende, doch wer lässt sich schon gerne seine Illusionen nehmen?

In der Combe-des-Morts ist der alte, für Saumtiere und Fusswanderer gebaute Passweg noch am besten erhalten. Der Aufstieg war vor allem im Winter gefürchtet, viele eingeschneite oder verirrte Wanderer wurden hier von Bernhardinerhunden gefunden und gerettet.

St.-Rhémy, Ziel unserer Wanderung über den Grossen St. Bernhard. Dank der Umfahrung vermochte das Städtchen seinen mittelalterlichen Charme in unsere Zeit hinüberzuretten.

Ursprüngliche Schönheit im Detail: Hauseingang in St.-Rhémy.

Über den Monte Moro: Stellenweise etwas mühsam gestalten sich Auf- und Abstieg zwischen Mattmarksee und der Passhöhe. Wer sich hier einen Fuss verstaucht, ist auf fremde Hilfe angewiesen.

Überreste des alten Saumpfades auf der Monte-Moro-Nordseite. Wo früher Saumtiere stapften, klettern heute Touristen in die Höhe.

Macugnaga, südlicher Endpunkt der Monte-Moro-Route. Der lombardische Baustil verdrängt die ursprüngliche Walser Architektur immer mehr – auch die deutsche Sprache ist auf dem Aussterbeetat.

Über den Monte Moro: Die Mühen des Aufstiegs sind vergessen, wenn sich auf der Passhöhe der Blick nach Süden auftut. Dominiert wird der Horizont vom gewaltigen Monte-Rosa-Massiv mit dem höchsten italienisch-schweizerischen Gipfel, der Dufourspitze.

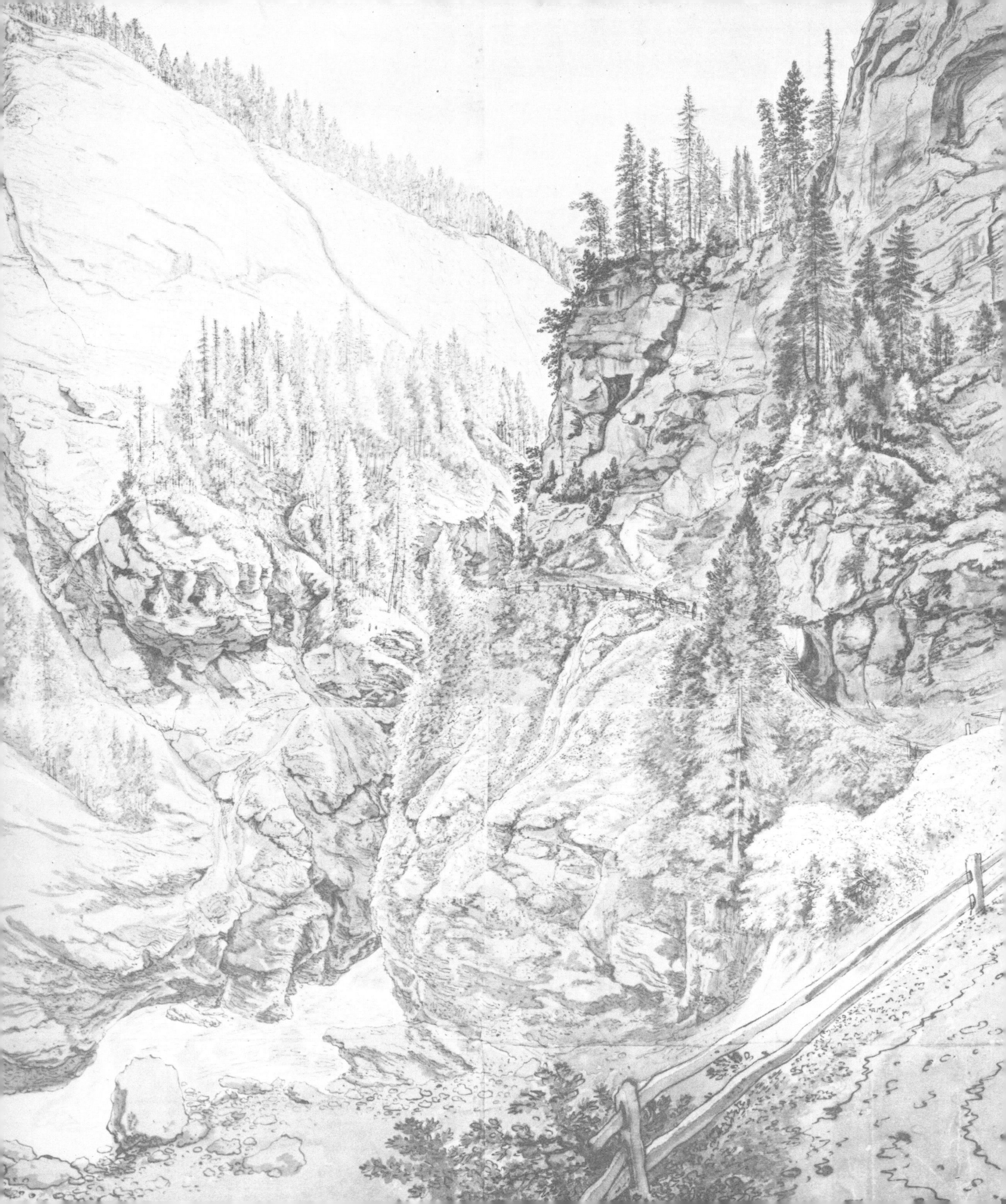